JN077613

ピープル
アナリティクス
の教科書

組織・人事データの
実践的活用法

一般社団法人
ピープルアナリティクス＆
HRテクノロジー協会
著

北崎 茂
編著

The Basic Textbook of
People Analytics

日本能率協会マネジメントセンター

はじめに

世間で注目を集める「データアナリティクス」や「ビッグデータ」という概念が、人事の仕事のあり方を変えつつある。

多くの企業が、顧客の志向性分析や、営業マンの行動分析、マーケティングの費用対効果分析、さらには不正防止予測など、営業・マーケティング・リスクマネジメントなど、事業を取り巻く様々な分野でビッグデータの活用を進めているが、こうした動きは人事の領域においても例外ではない。

人事におけるデータ活用は人件費の分析などをはじめ、昔から行われてきているが、その様相が近年変わりつつある。

先駆的に人事のデータ活用・分析に取り組む企業では、採用時の応募者のデータを分析し、内定者や辞退者の予測、さらには配置時における適正のマッチングやハイパフォーマーの予測、退職者の予測など、人事における様々な領域においてデータ分析を行うことが、1つのトレンドとなっている。

それが、「ピープルアナリティクス」と呼ばれる新たな分析手法であり、デジタル時代における人事の中枢的な機能として注目を集めるようになっているのだ。

「ピープルアナリティクス」は欧米の企業ではすでに2010年以降から急速に普及しはじめ、主要な企業のほとんどで導入されているほか、その専門組織の設置を予定している、もしくは設置済みであるという企業の比率はおよそ9割近くまでにも及んでいる[1]。

一方、日本企業においても、2019年時点でピープルアナリティクスを導入予定、もしくは導入済みという企業の比率は51%となり[2]、ピープルアナリティクスという考え方が日本国内で登場しはじめた2014年当時にほとんどの企業で知られることがなかった状況と比較すると、急速なスピードでその認知が進んでいる。

しかしながら、未だ多くの企業でその活用に踏み切れていない、もしくは試験段階で立ち止まっているというのが日本国内の実情であり、その背景として最終的な活用イメージの不鮮明さや既存データの粗さ、データ分析スキルの不足など、様々な課題が挙げられている。

そうした状況のなかで本書は、「ピープルアナリティクス」が企業に求められる背景と得られる効果、具体的な手法論、事例の紹介などを通じて、有効的に活用されることをゴールとしている。

本書が、ピープルアナリティクスに取り組む、もしくはこれから取り組もうとする企業にとって、その推進の一助となるための実務書として活用いただければ幸いである。

2020年5月

著者を代表して　北崎 茂

---

[1] PwC - Trends in People Analytics (2015年)
[Online] https://www.pwc.com/ee/et/publications/pub/pwc-trends-in-the-workforce-2015.pdf

[2] PwCコンサルティング合同会社－ピープルアナリティクス：人材フローの予測モデル構築を通じて人材への投資対効果の最大化を実現する（2020年）
[Online] https://www.pwc.com/jp/ja/services/consulting/analytics/human-capital-analytics.html

目次――ピープルアナリティクスの教科書

Contents

はじめに …… 3

第1章 ピープルアナリティクスとは何か

1-1 HRテクノロジーの進化とピープルアナリティクス …… 14
- 人事における意思決定精度を向上させるピープルアナリティクス 14
- 欧米で先駆的に活用されるピープルアナリティクス 16
- 日系企業の人材データ活用は世界的に見て後れを取ってきた 17
- 人材の多様性と人事データの活用度には深い関係がある 18
- 2016年を境に急速に注目しはじめた日本企業 18

1-2 人事のデータ活用は5段階 …… 20
- レベル1：単年集計 21
- レベル2：経年比較 21
- レベル3：ベンチマーク比較 21
- レベル4：要因分析 22
- レベル5：予測分析 23

1-3 人事データの定義 …… 25
- 4つに大別できる人事データ 25
- オペレーショナルデータ 26
- センチメントデータ 26
- パーソナリティデータ 28
- アクティビティデータ 30
- 人事データに関する考え方の見直しが必要 31

1-4 ピープルアナリティクスが人事部門にもたらす効果 …… 33
- 意思決定精度の向上 33
- 従業員の価値提供の向上 35
- 人事業務の効率化 36
- 最大のポイントは情報を定量的に可視化すること 37

1-5 日本企業における必要性、3つの理由 …… 39
» 理由1：「人材の多様化」が従来のマネジメントモデルを通用させなくなっている 39
» 理由2：「働き方の多様化」が部下の仕事の状況を見えなくさせている 40
» 理由3：「事業変化のスピードの加速」が部下のモチベーションの変化を加速させる 40
» 「VUCA」の時代はアナリティクスの必要性が高まっていく 41

第2章 人事データを活用する視点

2-1 人事データ活用のための3つのポイント …… 44
» 従来の人事データでの分析の限界 44
2-2 動的データの活用 …… 45
» 活用が進む様々な動的データ 45
2-3 データの標準化・連結化 …… 47
» 従来の人事データは効率的な分析には設計されていない 47
» データの標準化 47
» データの連結化 49
2-4 人事データの枠を超えるデータ活用 …… 50
» 人事以外部門との連携強化がカギ 50

第3章 人事システムの再構築

3-1 人事システムの構築に影響するトレンド …… 52
» トレンド1：加速するHRデータの多様化と分散化 52
» トレンド2：分析ニーズは流動的に 53
» トレンド3：人材マネジメントに関する権限の現場への移譲 54

3-2 既存の人事システム構成が直面する課題 55
›› 課題 1：All in One システムの限界 55
›› 課題 2：固定的な分析レポートだけでは不十分 56
›› 課題 3：現場側のデータに対するアクセシビリティの低さ 57

3-3 ピープルアナリティクスを実現する人事システム構成 58
›› 概要：「HR データレイク」へのデータ統合と BI ツールによる分析 59
›› 利点 1：データ一元化の網羅性・対応性の高さ 60
›› 利点 2：多様な分析ニーズに対する柔軟性の高さ 60
›› 利点 3：現場でのデータ活用に対する適合性の高さ 62
›› 利点 4：統計分析ツールとの親和性の高さ 63

3-4 データ品質管理の落とし穴 64
›› データ項目や内容の頻繁な変更 64
›› 従業員から情報を取得することの難しさ 65

Column ピープルアナリティクスにおける個人情報保護 66

第4章 分析テクニックとその活用法

4-1 人事データの分析 74
›› 人事データを分析するポイント 74

4-2 人事データの関係性分析 75
›› 可視化の種類 75
›› 主なグラフ 76
›› 主な統計解析 78

4-3 統計・機械学習手法の活用 80
›› 要約・グルーピング手法 80
›› 予測手法 83
›› 予測モデルの評価 87

Column 複雑な構造を考慮した分析例 90

4-4 テキストデータの分析手法 …… 91
- »形態素解析 91
- »頻度集計 92
- »ワードクラウド 93
- »共起語分析 93
- »多用なテキストマイニングの方法 94

4-5 データ分析における基本的な手順 …… 95
- »データ分析の流れ 95
- »手順１：目的・計画の策定 96
- »手順２：必要なデータの洗い出し 97
- »手順３：データの収集 98
- »手順４：データの前処理 98
- »手順５：データの可視化 99
- »手順６：統計解析や機械学習の実施 100
- »手順７：分析結果をもとにした意思決定 101
- »手順８：施策の展開 102
- »分析をすすめるうえでの留意点 102

4-6 相関と因果の違い …… 103
- »因果を捉えることが大切 103
- »因果の基本は時間軸 103
- »間接的な影響のパターン 104
- »共通する要因があるパターン 105
- »実務上の留意点 105

Column エビデンスの強さ …… 106

4-7 簡単にできる分析の技法 …… 107
- »行いやすいアクション、取り扱いやすいデータから 107
- »分析の基本は「分けて、見る」 107
- »「組み合わせて、見る」 108
- »「時系列で見る」 109
- »活躍者分析の一歩目 109

4-8 分析者としての心得 …… 110

第5章 データ分析の実務

5-1 ピープルアナリティクスの導入時に考えるべきこと …… 112
- ５つの課題と対策 112
- ピープルアナリティクス実施の目的 114
- ピープルアナリティクスを実施するうえでの留意点 116

5-2 プロジェクトの実施手順 …… 118
- 手順０：ピープルアナリティクスの心得（マインドセット） 118
- 手順１：プロジェクトの設計（７つのコツ） 119
- 手順２：データの前処理 127
- 手順３：分析・可視化 130
- 手順４：施策・運用 136

第6章 運用の組織

6-1 人材獲得・育成の考え方 …… 138
- 人事担当者の育成 138
- 他部門からの獲得 139
- 他部門の人材に活躍してもらうためには 141
- 外部リソースの活用 142

6-2 必要なスキル …… 144
- スキル１：課題設定力（仮説力） 144
- スキル２：データ化力（変数設定力） 146
- スキル３：分析手段選択力 150
- スキル４：解釈／説明力 151

6-3 社内の意識改革 …… 153
- 「データ整備優先」という幻想 153
- データ整備先行時の２つの壁 153
- 過剰な期待、筋違いの期待 155

第7章 これからのピープルアナリティクス

7-1 4つの視点から考える …… 162
» 変化1：データ範囲の拡大と従業員の選択権〜データの民主化〜 163
» 変化2：データ分析の利活用者範囲の拡大〜セルフサービスの加速〜 164
» 変化3：データプラットフォームの変化 166
» 変化4：求められるピープルアナリティクス組織の変化 167

7-2 将来に向けて今取り組むべきこと …… 169
» ポイント1：アジャイルに進める 169
» ポイント2：サービスプロバイダーとしての意識を持つ 170
» ポイント3：新たなデータソースを考え続ける 170
» ポイント4：経営・他部門とのアライメントを考える 170

事例編

» 他社の事例に学ぶ 174

【事例1】先進企業人事経験者が考える組織のグロースハック
パナリット …… 176
【事例2】データ活用は個人の成長のための一手段
セプテーニ・ホールディングス …… 186
【事例3】マーケティングスキルを人事に活かす
サイバーエージェント …… 191
【事例4】データ活用と人事のスタンダードにするために
パーソルホールディングス …… 198
【事例5】生産性向上のためのピープルアナリティクス
日立製作所 …… 205
【事例6】タレントマネジメントシステムの導入・活用
ヒロテック …… 212
【事例7】人事こそ実験しよう
リコージャパン …… 217
【事例8】3つのサーベイを活用した人事の実践
DeNA …… 225

【事例 9】独自文化「三行提報」を育成につなげる
サトーホールディングス …… 231

資料編

人事データ利活用原則 …… 238
人事データ利活用原則に関する考え方について …… 243

おわりに …… 255

第 1 章

ピープルアナリティクスとは何か

1-1 HRテクノロジーの進化とピープルアナリティクス

最近、人事の分野でHRテクノロジーという言葉を耳にしない日はない。これまでHRにおけるテクノロジーと言えば、1990年代後半から続くERP（Enterprise Resource Planning；統合業務基幹システム）を活用した人事システムを連想される方も多いであろうが、この動きが近年大きく形を変えようとしている。

ここ数年、ビッグデータ、AI、ディープラーニング、機械学習、RPA（Robotic Process Automation）など様々なテクノロジーに関わるキーワードを耳にすることが多くなったが、これは人事の領域においても深く関係しつつある。

RPAを活用した人事業務の自動化や、AIを活用した採用選考の自動化など、HRテクノロジーはこれまでのERPとは違った人事業務への活用が進みつつある。そのなかでも高い注目を集めるのがピープルアナリティクスと呼ばれる人事領域におけるデータ分析手法である。

›› 人事における意思決定精度を向上させるピープルアナリティクス

ピープルアナリティクスとは端的に言えば、「**人材マネジメントにまつわる様々なデータを活用して、人材マネジメントの意思決定の精度向上や業務の効率化、従業員への提供価値向上を実現する手法**」である。

当然ながら、これまでも企業では人事におけるデータ分析は行ってきている。

しかしながら、ピープルアナリティクスでは、その活用するデータ、分析手法、そのデータの見せ方（可視化の手法）までを変えていくことにより、意思決定の精度向上や業務効率化、さらには従業員への提供価値の向上を実現していくというものになる。

ここでいう「様々なデータ」とは、人事システムに通常格納されているような、基礎情報・異動歴・評価歴などの情報にとどまらず、採用時

図表 1-1　ピープルアナリティクスとは

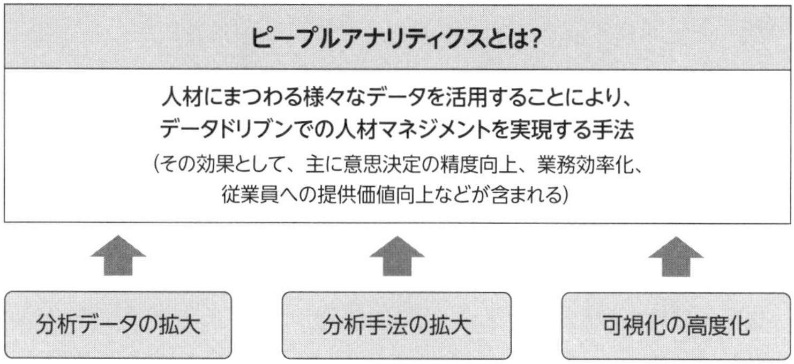

の性格特性データや、従業員の意識調査の結果、さらには社内のメールデータや会議の情報などの従業員の日々の活動を示すような情報を含めた様々な領域のデータを指し、これらを複合的に合わせて分析を行い、人材マネジメント上における意思決定に活用していこうというものがピープルアナリティクスである。

また、分析手法という点においては、従来 Excel 等を活用して分析を行っていたレベルから、多変量解析の視点を組み入れてこれまで見えていなかった、データ同士の因果関係などを抽出するようなことが求められてくる。

1つの例を挙げるとすれば、前述したようなピープルアナリティクスの考え方を活用した採用選考の自動判断が最もわかりやすいであろう。こうした分析モデルは「AI を活用した採用判断システム」などと呼ばれ、採用選考時に採取される性格特性や能力特性のデータをもとにして、同一の特徴を持つ人材が過去に内定を獲得することができたか否か、さらには入社した場合にはすぐに辞めていないか否か、ハイパフォーマーになっているか否かを統計的にモデル化し予測を行うというものである。

採用選考時点の話でいえば、従来は書類選考と性格特性や能力特性によるオンラインテストなどで足切りなどを行い、その後、面接官が候補者の個々の能力特性などを見極めて最終的な合否を行うというのが一般的であったが、こうした選考判断基準は、企業が面接官に提示するガイドラインをベースにはするものの、最終的には面接官自体の「勘と経験」に依存する部分が少なくない。

ピープルアナリティクスにおける分析手法はこうした意思決定手法に対して、データ分析による示唆を与えることにより、意思決定の精度や、業務効率化を向上させることを目的としている。

›› 欧米で先駆的に活用されるピープルアナリティクス

このピープルアナリティクスの考え方は、実は欧米では先駆的に研究が進められており、企業での導入が進んでいる。特にIT系の先端企業ではその動きが顕著であり、その代表格ともいえるのかグーグルやマイクロソフトである。

グーグルでは、評価や採用などに関する様々な人事オペレーションに統計的な解析手法を持ち込むべく、人事部門の約3分の1に組織心理学や物理学などの分析的な分野で修士以上の学位があるスペシャリストを配置するなど、人事のデータ活用に対する動きは他社と一線を画すものがある[1]。

マイクロソフトは、匿名化した従業員のカレンダーと電子メールのメタデータをエンゲージメントデータと掛け合わせて分析することで、新入社員が入社後に経験する出来事と従業員のエンゲージメントの相関を可視化し、独自のオンボーディング施策実施に役立てている[2]。

詳しくは第2章で述べるが、これらの企業は、多くの採用候補者の中からより効率的に、かつ精度高く、採用さらにはその先のオンボーディング、配置までの活動を行うためにデータに基づいたオペレーションモデルを積極的に活用しているのである。

また、米国のペンシルバニア大学のビジネススクールであるウォートン・スクールでは、日本でピープルアナリティクスが普及しはじめる以前より、ピープルアナリティクスに類する研究を進めてきており、近年では世界中のピープルアナリティクスに関わる専門家を招集する「ピープルアナリティクス・カンファレンス」を毎年開催しており、欧米では企業のみならず、学問の領域でもピープルアナリティクスは高い注目を集めている[3]。

›› 日系企業の人材データ活用は世界的に見て後れを取ってきた

やや古いデータではあるが、PwC が 2012 年に全世界の CEO 約 1300 名を対象に行った「世界 CEO 意識調査」によれば、「経営判断における人材データ活用の重要性」について肯定的な回答を示した割合は 80% にも及んでおり[4]、人事部門が提示する分析結果に対する経営層からの高い関心が数年前から示されていたことがうかがえる結果となっている。

こうした経営からの期待に対して、人事部門は現状として応えきれているであろうか。

その対応状況は国別に見ると大きく異なり、とりわけ日系企業における人事データ活用の後れが顕著な結果となっている。

前述の調査から 2 年経った 2014 年に、全世界の役員層（執行役員を含む）約 1130 名に対する「人材データの活用度に関する満足度」の調査結果によると、日系企業は全世界平均 53% のおよそ半分の 28% にとどまっている[5]（図表 1-2 参照）。

また、インド、オーストラリア、中国というアジア太平洋地域の先進的な国と比較しても、日本は最下位に位置づけられ、人事のデータ活用

図表 1-2　国別タレントマネジメントデータ活用度調査結果

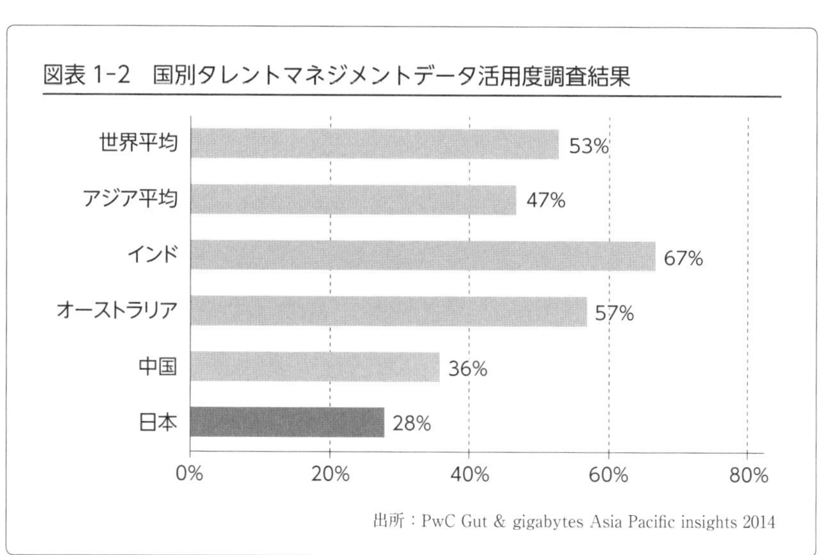

出所：PwC Gut & gigabytes Asia Pacific insights 2014

の側面においては、先進諸国に大きな後れを取っているのが実態である。

»人材の多様性と人事データの活用度には深い関係がある

このような差が生まれる要因の1つとしては、社内における多様性（ダイバーシティ）が大きく関係していると考えられている。日系企業では1990年代まで、多くの企業で終身雇用の概念が強く残っており、多くの人たちが大学を卒業して就職し、そのまま同じ会社やグループ会社の中で経験を積んでいくケースがほとんどであった。

結果として「金太郎アメ型社員」というような言葉にも示されるように、同じようなバックグラウンドや考え方を持った社員により形成される同質性の強い組織風土が多く生まれてきた。これは「阿吽（あうん）の呼吸」といった言葉にも代表されるように、コミュニケーションの効率性という面においてはうまく機能してきた側面もある。

一方で、定量的なデータに基づくコミュニケーションよりも、定性的なコミュニケーションが好まれる傾向を生み出してきたきらいがある。

他方、欧米などの多くの先進グローバル企業などでは、人種、出身国、母国語、経歴など様々なバックグラウンドを持った人材が集うことも多いため、阿吽の呼吸のような共通するバックグラウンドを前提とした会話や意思疎通は困難であり、定量的な数値を使ってコミュニケーションせざるを得ない環境であった。

結果として、彼らの意思決定の際には、定量的なデータが多く用いられるようになり、グローバル化が進む近年、その傾向はさらに強まってきている。

»2016年を境に急速に注目しはじめた日本企業

欧米で先駆的に活用されているピープルアナリティクスであるが、2016年以降から日本国内でも、その活用は徐々に進みつつあり、先進的な企業では実践的な導入例も現れてきている。

PwCが2019年に日本国内の236社に実施した調査によれば、調査対象企業の過半数に至る51％の企業が「人事におけるデータ活用」に強い関心を示している（図表 1-3 参照）。さらには、従業員数 5000 名以上の企業に限定すれば、85％の企業が、「何らかの取り組みをすでに行っている」、もしくは「予定している」と回答しており、人材データを種類・量、双方の観点から豊富に抱える大企業を中心として、大きな流れが生み出されつつある。

図表 1-3　日本国内の人事データ活用浸透度

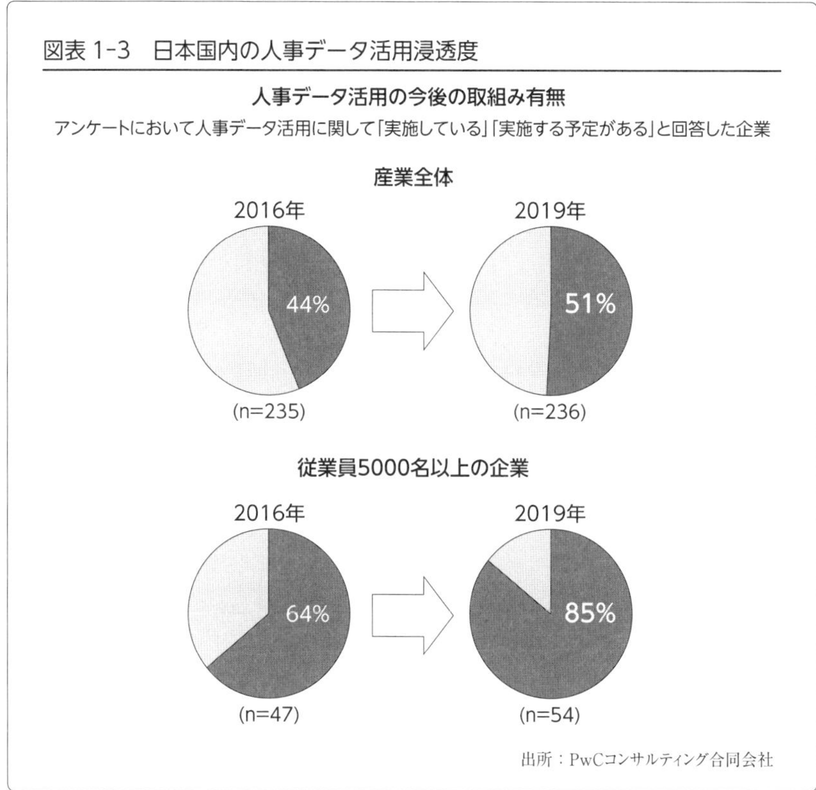

出所：PwCコンサルティング合同会社

また、こうした動きは人事部門内の組織構造を変えるまでに至っており、本書の後段でも事例として紹介しているが、日立製作所、サイバーエージェントなどのピープルアナリティクスにおける先駆的企業では、人事部門内にピープルアナリティクスに関する専門組織を設置し、データサイエンティストと呼ばれる統計における専門家を配置し、欧米企業と肩を並べつつある水準にまで至りつつある。

1-2 人事のデータ活用は5段階

人事のデータ分析といえば、人件費や要員数の分析などがその象徴的なものとして挙げられるが、これらはExcelや人事システムなどを活用し、古くから行われてきていていた。

では、ピープルアナリティクスにおける分析は、これらの考え方と何が違うのであろうか。

ここでは、人事におけるデータ分析の変遷と課題をひもときながら、この命題についての解説を行う。

まず、人事データの活用度には、いくつかの段階があることを先に述べておきたい。図表1-4に示すチャートは、「人事データ活用成熟度モデル」であるが、これは人事データの活用には5つの段階があることを示している。各レベルについて、退職率の分析を例に取りながら解説し

図表1-4　人事データ活用成熟度モデル

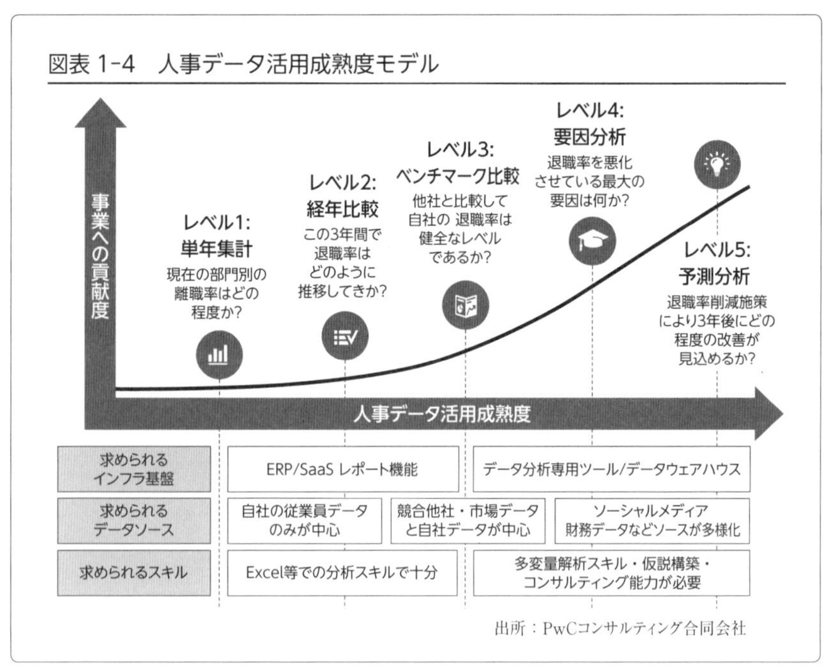

求められるインフラ基盤	ERP/SaaS レポート機能	データ分析専用ツール/データウェアハウス	
求められるデータソース	自社の従業員データのみが中心	競合他社・市場データと自社データが中心	ソーシャルメディア財務データなどソースが多様化
求められるスキル	Excel等での分析スキルで十分	多変量解析スキル・仮説構築・コンサルティング能力が必要	

出所：PwCコンサルティング合同会社

ていく。

≫ レベル1：単年集計

最も単純な分析モデルともいえるのが、単年集計である。

退職率の例を取れば、「今年の当社の退職率は○○％です」と報告を行い、現在の従業員の状況を可視化することを目的としているものである。

こうした分析はExcelやERPなどの人事システムを活用して集計作業が行われ、リスクの高い部門などを抽出することを目的として行われる。

≫ レベル2：経年比較

次のレベルに位置づけられるのが、経年比較である。

退職率の例でいえば、「昨年と比較して当社の退職率は○○％増減しました」というもので、自社の経営環境や人材マネジメントの変化を追跡し、自社内での課題の兆候などを追跡するための分析手法である。

レベル1と同様のExcelや人事システムを活用して分析されるが、この段階になると、複数年の情報が必要となり、さらには同じ基準で各年度を比較できるように、データ項目の標準化が必要となってくる。

≫ レベル3：ベンチマーク比較

単年集計や経年比較が自社内のデータを活用して分析できるモデルにあるのに対して、レベル3のベンチマーク比較となると、他社のデータが必要となってくる。

事業競争もしくは労働市場内での競争において、自社がどの程度の競争優位性を持ったポジショニングに位置づけられるかという分析になり、退職率の例でいえば、「他社は○○％であるが、当社は○○％で、やや悪い水準となってきて改善が求められる」というような報告を行う形となる。

日本企業でいえば、以前から報酬水準や退職率、さらには従業員満足度などの領域においては、これらのベンチマーク分析は行われてきている。しかし、先進的な欧米企業では、人事機能や人材マネジメントの様々な要素についてのベンチマーク分析は定常的に行っており、タイムリーに自社の課題を抽出できる仕組みづくりを実現している。そして、この段階になってくると、先進企業とそうでない企業の差が徐々に浮き彫りになってくる。

イメージが湧きやすいように、外資系製造業A社での人事におけるベンチマーク比較の例を取り上げてみたい。

A社では人事に関する様々な課題を洗い出すために、人事部門の機能別人員数、例えば採用や育成、人事情報システムなどに従事している人員数の過不足や、採用コスト、育成コスト、社員1人当たりの育成時間、さらには人事サービスに対する従業員や役員の満足度など約30項目にわたるKPIについて、数年おきに競合企業との比較を実施している。

A社ではこうした取り組みにより、退職率や従業員満足度のような、様々な人事施策やオペレーションの結果として生まれるデータだけなく、その要因となっている人事プロセスや、人事組織の構造や要員構成、人事のスキルに至るまでを分析して、より明確に人材マネジメント上の課題を浮き彫りにすることを可能としている。

»レベル4：要因分析

今後、企業が取り組んでいかなければならないのが、レベル4以降の分析となり、これらの分析が一般的に「ピープルアナリティクス」の考え方が強く適用される領域になってくる。

レベル4は要因分析であり、ある1つの課題に対して、その要因となっているものを定量的に特定する段階である。これは退職率の悪化などのある特定の課題に対して、その要因となる要素を定量的に分析し特定するものであり、「退職率は○○%であるが、最も影響を与えている要因は何で、どの程度なのか？」という問いに答えるものである。

外資系サービス業B社では、こうした要因分析を定常的に行っている。過去の退職者の様々な特性をモデル化することにより「従業員の退職に最も影響を与えているのは、上司の能力であり、その割合は約28%である」ということを特定できている。

そしてこのレベルになってくると、活用するデータも分析手法も大きく様変わりを見せてくる。活用するデータは影響度を特定するために、一定規模のボリュームが必要になるのと同時に、課題に対して影響を与える要素についてもデータ化しておく必要がある。

退職率というデータの要因分析でいえば、退職を引き起こすであろう様々な要因（上司との相性、給与の停滞度、チームメンバーとの相性、過剰労働、キャリアプランとの乖離など）をきちんと個別にデータ化して影響度を特定する必要がある。また、データ分析手法も単純な集計分析から、相関分析や回帰分析などの統計的な手法を組み込むことが求められる。

こうした分析手法の詳細については、第4章にて解説する。

レベル5：予測分析

要因分析を活用した分析モデルがレベル5の予測分析になってくる。

退職率の例を挙げるのであれば、レベル4で構築した要因分析モデルを活用して、今後起こるであろう事象を確率論で予測を行うというものだ。退職率の例でいえば、「Aさんの退職確率は○○%で、それを悪化させている要因は○○です」という報告を行い、様々なリスクなどの予測検知や効果予測を行うために活用される。

前述のB社の例でいえば、個別の従業員の2年以内の退職確率を予測するととともに、「2年間で退職率を現状より19%低減できる」という予測値までを打ち出すことを可能としている。

おそらく多くの企業で、退職要因の特定という面では、問題なく課題を把握できているであろう。現場の部長層や、人事担当者に聞けば、迷うことなく「報酬」「職場の雰囲気」「リーダーシップ」など様々な答えが即座に返ってくる。

しかし、そうしたなかで「優先度をつけると？」という質問になると、「いろいろな要因が複雑に絡み合っているから」という曖昧な答えに変わってしまう。

もし、時間にも予算にもゆとりがあるのであれば、想定できる課題に対して、様々な施策を試していくことができるであろう。

しかし、多くの企業が現状直面しているグローバル競争下においては、国内のみならず海外各国で起こる事業環境や労働環境の変化に対して、限られた予算の中で迅速に対応する意思決定が求められてくる。

そうしたなかで、人事データ活用におけるレベル４や５の領域は、こうした意思決定モデルを支える重要な差別化要素の１つとなり得る。

また、レベル４、５に示すような分析は、退職要因の分析のみならず、人員の需要予測や、採用時の候補者の選考基準、トータルリワードの設計に至るまで、多岐にわたる。

1-3 人事データの定義

4つに大別できる人事データ

ピープルアナリティクスとは「組織・人事データ」における分析を指すことは前述したが、そもそもこの「組織・人事データ」にはどのような情報が含まれるのであろうか。

おそらく日本企業の人事部門でこれまで活用されてきたデータの多くは、従業員個人の基本属性情報や配属情報・評価結果の情報など、採用・異動・評価・報酬というような人材マネジメントに関わるデータが中心であり、人事システムにより一元的に管理されているケースが多いかと思う。

しかしながら、ピープルアナリティクスの領域においては、こうしたデータだけでなく、従業員のスケジュール情報などから働き方のパターンの分析をしたり、メールやチャットなどの情報から、その従業員がどのような社内外のネットワークを形成し、それが個人のパフォーマンスや、組織の業績にどのように関係しているかを分析するような例も出てきており、活用するデータの範囲は大きな広がりを見せている。

では、具体的にどのようなデータが存在するのだろうか。

大別すると、次の4つに分類できる。

(1) オペレーショナルデータ：採用・配置・育成・評価・報酬といったようないわゆる人材マネジメントのオペレーションを実行するために必要となるデータ

(2) センチメントデータ：従業員のモチベーションや組織風土など変化や課題を抽出するために活用されるデータ

(3) パーソナリティデータ：従業員の性格特性や能力特性を指し示すデータ

(4) アクティビティデータ：カレンダーやメール・チャットなどの従

業員が日々の業務の中でどのような活動をしているかをログとして残すデータ

これらのデータにはそれぞれ目的が存在しているわけだが、今後求められるデータ分析の領域においては、それぞれに特徴と課題が存在する。

» オペレーショナルデータ

まず、オペレーショナルデータであるが、これは採用・配置・育成・評価・報酬・退職といったような人事上のオペレーションを実行するために必要なデータのことである。

多くの企業がERPなどの人事システムにより、すでに履歴管理等を行っている。これらのデータは従業員の企業内での歴史を指し示し、人事部門の重要な役割の一つである定期異動や、評価の実施、給与支払などのオペレーションを実行するために構築されてきたデータである。

・人事システムに格納されているデータだけでの分析の限界

もちろん、これらの情報は上記のような人事オペレーションを実行するうえで必要不可欠なものであるが、今後のデータ分析の世界においては、これらだけの情報では不足する部分もある。

というのも、これらのデータは「静的データ」とも呼ばれ、年に数回程度しか更新されない情報群だからである。

もちろん、給与や評価・配置などを行ううえでは、これらの情報で十分であるのだが、従業員の日々のモチベーションの変化などを検知したり、予測を行う場合には、こうした動的性の低いデータだけでは、精緻な分析まで踏み込むのには無理があるケースも生まれてくる。

» センチメントデータ

次にセンチメントデータであるが、これは従業員のモチベーションの変化などの「感情（センチメント）の変化」を追跡するためのデータである。

日本企業の中で古くから使用されているものであれば、従業員満足度のデータであり、2000年以降から注目されはじめたエンゲージメントなどの情報もこれにあたる。

これらのデータは従業員の離職やメンタルの兆候などを把握するにあたり、貴重なデータとしてこれまで扱われてきたが、今後においては、その位置づけは徐々に変化していくであろう。

・変化①：他の人事データと組み合わせて様々な洞察を可能に

従業員意識調査やエンゲージメントの情報の分析といえば、これまではその調査結果単体の中での分析で収まっていたケースが多く、他の人事データと連動させた分析はあまりなされてこなかった。

しかしながら、こうした分析結果は評価結果や在籍年数、上司との相性、給与水準など様々な個人データを組み合わせることにより、個人別のモチベーションなどが、人材マネジメント上の何に影響を及ぼしているのかという人材課題要因を特定しやすくなるメリットを含んでおり、センチメントデータの活用は、その単体分析にとどまらずに、今後のピープルアナリティクスにおいて必要不可欠なものとなってくる。

・変化②：意識調査は「匿名式」から「記名式」へ

こうした動きと連動して生まれてくる次の変化は、「匿名式」から「記名式」へのシフトである。

多くの企業の従業員意識調査や満足度調査では、従業員が上司などに情報が洩れることを危惧して「匿名式」を採用している。

しかしながら、外国人従業員やミレニアル世代の拡大など、従業員が組織の中で多様化している状況下においては、きちんと従業員一人ひとりのモチベーションの変化を検知する必要性から、欧米企業などを中心として「記名式」に転換する企業も増えつつある。

匿名性を無くすことにより、従業員がきちんと答えてくれなくなるリスクは残る。しかし、継続的に調査を行っていけば、わずかなトレンドの変化などを検知し、モチベーションの変化が追跡しやすくなる。そのことにより、「記名式」を採用しはじめている企業が増加しているのである。

「記名式」にすることは企業によっては大きなリスクとなる場合もあり、その際は自身の属性等をより詳細にアンケート内などで記述させる方式なども取ることも有効な手段となろう。

いずれにせよ、より個人のセンチメントデータと、人材マネジメント上のデータを極力紐づけていく動きは加速していくであろう。

・変化③：意識調査のデータ頻度は月次／週次がトレンドに
〜パルスサーベイの登場〜

さらに、このセンチメントデータの活用においては、データ採取を行う頻度も重要になってくる。

従業員に対する調査であれば、おそらく多くの企業は年１回程度の実施が一般的であったであろう。

しかしながら、従業員のモチベーションは日々変化しており、その動きを的確に捉えていくために、調査の頻度を上げる企業が増えてきている。詳しくは後述するが、欧米の先進的な企業では週や月に１回実施するレベルにまで進めてきており、「パルスサーベイ」という呼ばれ方で注目を集めている。

›› パーソナリティデータ

センチメントデータ以上に人材に関する分析を行ううえで欠かせない基礎的データとなるのが、パーソナリティデータである。パーソナリティデータとは、従業員一人ひとりの性格特性などを示したデータであり、多くの日本企業の新卒採用で実施されている適性検査の情報などが該当し、性格特性や個人のバックグラウンドを示した情報になる。

では、なぜこのパーソナリティデータが分析において重要な位置づけを占めるのであろうか。

・性格特性などの個人の特性を示すデータが新たな分析軸に

多くの企業でこれまで採られていた分析手法は、分析対象に対して全社別もしくは組織別の特性を見るためのクロス分析手法であったが、このクロス分析軸の1つとしてパーソナリティデータが高い注目を集めている。

従来行われていた組織別での分析手法では、個々人の性格特性を見ることはほとんど行われてこなかったが、実際的な問題として、この手法では多様な人材がいる組織においては、課題を発見できずに埋没させてしまうリスクがある。

1つ例を挙げるとすると、従業員意識調査において、上司とのコミュニケーション量に関する設問に対して、ある組織では結果が平均的なスコアが出ているとしよう。

しかしながら、その組織においては、内向的な人材が半数、外向的な人材が半数いて、実は内向的な人材が低評価を出し、外向的な人材が高評価を出した場合には、その全体評価は平均的なものになってしまい、内向的な人材の上司に対するコミュニケーションの不満を見つけ出せずに終わってしまう。

もちろん、統計上の分散値などを見れば、回答のバラつきは検知できるが、性格特性のデータを保有していないかぎりは、明確な解にたどり着くのは困難になってしまう。

・従業員の多様性の進展により、その重要性はさらに高まる

この性格特性や個人のバックグラウンドに関わるデータは、これまではそれほど重要視されてこなかった。その背景にあるのが、多くの日本企業で働く従業員は、同じ学力レベルの大学や同じ配属ルートを経てきたりと、同質性が非常に強かったがために、個人の特性を加味する課題意識が低かったことである。

しかしながら、近年、外国人労働者や中途採用者の拡大、さらにはデジタル世代やミレニアル世代と呼ばれるタイプが異なる人材が増加していることなどから、企業における職場環境は多様性が広がり、個人のバックグラウンドや性格特性などを無視して一律的な分析を行うこと自体に限界を迎えているのである。

おそらく今後、日本企業における多様性はさらに進展していくことは容易に想定され、それに伴いパーソナリティデータの重要性はさらに増していくこととなる。

・日本企業において活用が進まなかった背景

現在このように高い注目を集めるパーソナリティデータであるが、その活用が進んでこなかった背景には、人事の組織・オペレーション上の特徴が大きく影響している。

これまで言われてきたような性格特性のデータは、新卒採用時に選考の振り分けのために使用されるか、もしくは管理職に昇進した際などのトレーニングなどで採取されることがほとんどであろう。しかし、こうしたデータは、それぞれのオペレーション上での用途を終えれば、そのまま放置され、再び活用されることは少ない。この背景にあるのが、企業内における人事組織のあり方とデータ活用の考え方にある。

日本企業の中では、採用・異動・育成などはそれぞれ採用チーム・人事チーム・人材開発チームといった個別の組織チームで運営されることが多い。そして、これらのチーム間で他のチームの分析のために積極的にデータ共有がなされることは通常見られない。

これらのデータは、採用や異動といったオペレーションを運営するために各チームで個別最適化されて活用されており、人事のイベントを跨っての横串しで分析をしようとする動きはほとんど取られていない。

企業によっては、採用時点のデータは基幹となる人事システムとは別システムで管理されているところもあり、物理的に分離されて管理されていることが、こうしたチームを跨っての「横串の分析」を阻害しているのである。

›› アクティビティデータ

さらに、近年のテクノロジーの進化とともに注目されはじめたのが「アクティビティデータ」と呼ばれる従業員の企業内での活動内容のログである。古くからある情報でいえば、出社した時間から退社した時間、残業時間など1日の大まかな活動の内容を把握することができる「勤怠情報」などが該当する。

こうした活動情報の取得はより精緻なレベルまで進んできており、近年はメールの受信履歴や会議情報、社内でのビーコン等の送受信により、どの部屋で社員が活動していたかなどの情報採取までが可能になっており、こうしたデータをベースにハイパフォーマーやローパーフォーマーが1日の中でどういった行動パターンを取るかという分析を行っている企業もある。

また、センシングデータと呼ばれる従業員の生体活動を検知するようなシステムも登場してきており、これにより脈拍や体の動きなどを見て、緊張の度合いや、誰とどのようにコミュニケーションしたかなどのデータまでも分析対象となってきている。

実際のところ、こうしたアクティビティデータは、従業員のプライバシー侵害の懸念があるため、従業員からデータ取得の同意が得られにくく、導入企業では未だ試行的な実験にとどまっているケースも多いため、今後の法制度と合わせて、慎重な対応が必要とされる領域でもある。

人事データに関する考え方の見直しが必要

ここで挙げた4つのデータ群についての要点は、明らかに人事データというものの概念が従来の人事システムで格納されていたデータ群とは大きく変わりつつあることだ。

そして、こうしたデータ群は単独のデータ分析だけではなく、相互に組み合わせることによって、はじめてその効果を最大化することができることである。

しかしながら、現在の人事部門ではそれぞれのデータ所管は、該当するオペレーションを担当する部門やチームによって個別に管理されていることが多く、こうした「組み合わせ分析」を行うことを困難にしている。

さらには、アクティビティデータは、そもそもの所管自体が人事部門ではなく、情報システム部門などの他部門であるのが実態のため、分析の難易度を上げてしまっている。

この課題を解決するには、従来のデータ管理の考え方を大きく変える必要があり、会社が保有する従業員に関わる様々なデータに対して一元的にアクセスを可能にし、様々な分析を行うための全社としての体制・オペレーションづくりが必要不可欠になってくるのである。

1-4 ピープルアナリティクスが人事部門にもたらす効果

ピープルアナリティクスが具体的に人事部門にもたらす効果、それは大きくは、「効率化」「意思決定精度の向上」「従業員への価値提供の向上」などになろう。

「効率化」については、「新卒採用の書類選考の AI 化」などが代表的であるようにわかりやすい。

一方で「意思決定精度の向上」と「従業員の価値提供の向上」は少し解説が必要だろう。

意思決定精度の向上

ピープルアナリティクスにおける最大の効果は、意思決定精度の向上といえる。

データを使って意思決定の精度を上げていくという考え方は、事業環境や労働環境がほとんど変化しない状況であれば、逆に蓄積された人間の勘と経験のほうが有効な場合もある。

しかしながら昨今では、グローバル化やデジタル化など、かつてとは異なる環境変化が現れ、従来の環境下で培ってきた「勘と経験」だけでは誤った判断をしてしまう恐れが生じる。

これを新卒採用の例で考えてみよう。

通常、企業の採用活動は書類選考でスクリーニングを行い、最終的には自社でパフォーマンスが出せそうな人材とそうでない人材、もしくは定着してくれそうな人材とそうでない人材を、複数の面接プロセスを経て行うことが多い。

このとき重要になるのが、目的であるパフォーマンスと定着度という観点に対して、各面接プロセスが正しく機能していることになるが、実際にはそこまでうまくいかないケースが企業規模が大きくなるほど出てくる。

大規模企業での新卒採用になると、その面接プロセスには複数の面接官が現場から突如招集されたりする。こうした面接官は、事前にトレーニング等は受けるものの、実際には自分の勘と経験に基づいて合否を決めかねない。

ある企業の例でこのことを補足しよう。図表1-5はその企業での面接官の合否判断基準を統計化したものである。書類選考時の情報をもとにして候補者を性格や能力などにより4つの人材グループに分け、それに対する各面接プロセスでの受かりやすさを統計化したデータであるが、これを見るかぎり、各面接プロセスで優先的に採用されている人材は大きく異なることがわかる。

一次選考で最も評価されていたA型という「革新型」人材は、最終面接では最も評価されず、逆に一次面接においてほとんど評価されていなかったD型という人材は最終選考では最も評価されている。

同社では基本的に各面接で見るべき観点は同一という前提を置いているため、このデータを見るかぎりは、面接官によって甘辛が生じたり、見る観点が異なったりと、必ずしも高い意思決定精度を保っているとは言いがたい。

図表1-5　採用面接での視点相違の分析例

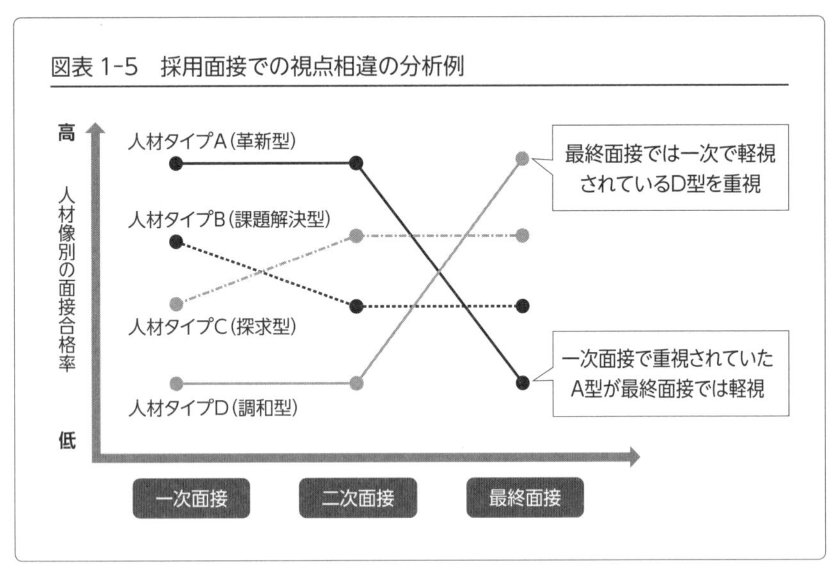

ピープルアナリティクスによる分析は、特にこうした課題に対して効果を発揮する。このような事態が生まれる原因としては、候補者が話す内容に対して、限られた面接時間では判断できる材料が少ないことがある。

データ分析により、各面接官に対して候補者の「パフォーマンス」や「定着度」の可能性という観点に関する予測や、それに影響を与えている「性格特性」「経験」「能力」といった情報が提示されていれば、それに基づいて一定の観点で各面接官が面接を行うことができるのである。

これはいうなれば、面接官の中での判断基準に定量的な新たな判断基準を組み入れ、意思決定の精度を向上させるための共通軸を提供するということになる。

こうした分析は、採用のみならず、配置時のマッチング精度、育成効果の測定、メンタルなどのモチベーション変化に対する予測分析など、人材マネジメント上の様々な領域での効果が期待される。それぞれのデータ分析を活用することにより、意思決定の精度向上を行い、人材マネジメントの全体的な質の向上が可能になるのである。

»従業員の価値提供の向上

ピープルアナリティクスの活用領域として、近年注目を集めているのが、従業員への価値提供（Employee Experience；エンプロイーエクスペリエンス）と呼ばれる領域である。

エンプロイーエクスペリエンスは、多様化する従業員のタイプに合わせて、モチベーションや生産性の向上を実現するために、彼ら彼女らに対してより職場環境内で良質な経験をさせるという考え方である。

これは、企業が従業員それぞれのバックグラウンドや志向性により視点を向け、より「パーソナライズ化」された人材マネジメントを実現していくというものであり、欧米を中心に、人事におけるキートピックとなっている。

エンプロイーエクスペリエンスの発想のルーツは、カスタマーエクスペリエンスである。

カスタマーエクスペリエンスは、顧客視点で様々なサービスプロセスを構築する考え方であり、インターネット上で商品を購買するときに「あなたにおすすめの商品はこれですよ」というメッセージや、商品の配送状況などを可視化するツールなどの付加的サービスにより顧客満足度を向上させることである。

こうした考え方が登場したのは、ミレニアル世代やジェネレーションZ（生まれた時からインターネットが利用可能なデジタルネイティブ世代のこと）が顧客層として台頭してきたことが背景としてある。こうした顧客層は、情報に対する即時性や透明性に対するニーズが強いという特徴があり、例えば、欲しい情報はすぐに入手できること、その情報には一定の信頼性があることなどの志向性が強い。結果として、インターネットサービスを提供する企業などでは、商品に対する推奨コメントや評価を公開することにより、こうしたニーズに応える動きが出てきた。

そして、こうした動きは従業員に対する考え方でも生まれつつある。従業員に対して、その能力や志向性を分析したうえで、本人にとって「最適な配置案」や「育成プラン」「キャリアパス」などをアナリティクスにより提案をしたり、過剰な勤務状況などになれば、健康管理のためのアラートを統計的に提示する取り組みを行っている企業もある。従業員の特性を分析したうえで、それに合わせたパーソナライズ化されたサービス（育成やキャリアプラン、健康管理など）を提供していくことが、社員に対する新たな価値提供モデルとして台頭してきているのである。

また、こうした動きは、ミレニアル世代をはじめとする「デジタル活用に対する志向性」が強い世代に対して、一種の企業の雇用ブランドとして認知されてきており、その仕組みの有無が採用の成否にもつながることもあるのである。

›› 人事業務の効率化

このように人事業務の効率化に貢献するピープルアナリティクスは、特に人手による単純な判断業務、例えば新卒採用における書類選考などには極めて適している。

新卒採用における書類選考は、通常、人事部門が担当者を複数配置し、短期間で選考判断を行っていく。これらの判断は実際には自動化されているわけではなく、担当者が当年の採用ポリシー等に従って、経歴や志望動機、性格診断、能力検査などの複数の項目から複合的に行うことが多い。企業によっては、応募書類の数は数万にものぼることにもなり、採用部門にとって大きな負担となる業務でもある。

しかしながら、この業務に関して実際の担当者と話をしてみると、その精度は完全なものではないというコメントが返ってくることが多い。1人で数百もの書類を見ることになると、判断軸がずれることがあったりするようだ。絶対的な判断基準がないなかでは、属人的な能力や経験で判断せざるを得ないというのが実情なのだ。

だが、こうした業務はピープルアナリティクスにより分析された内定予測モデルを構築すれば、これまで要していた膨大な作業時間を数時間程度にまで短縮することができる。

ところで、こうした効率化の話をすると、RPAの話と混同される方がいる。人事のオペレーション業務を効率化するという点では大きな違いはないが、対象となる業務タイプはやや異なる。

RPAでは、申請手続きやデータ転記などのルール化されている業務（業務ロジックが決まっていて、例外判断がないもの）が対象となるのに対して、ピープルアナリティクスでは、書類選考のような、単純であるものの「判断が伴う業務」という違いがあることには、正しい理解が必要となる。

›› 最大のポイントは情報を定量的に可視化すること

ここまで、ピープルアナリティクスのメリットをいくつか紹介してきたが、最大のポイントは「これまで見えていなかった従業員の状況を可視化できるようにすること」だ。

採用であれば、候補者が内定する確率やハイパフォーマーになる確率を定量的に数字として示し、意思決定をサポートしたり、退職であれば、従業員の1年以内の退職確率などを予測することにより、従業員が離職を決める前に慰留などのアクションを早期に取るなどが可能になる。

このように、ピープルアナリティクスはデータを使って「意思決定」の質を上げていくという考え方が重要であり、そうしたことに役立つからこそ、今後の人材マネジメントの質を左右するキードライバーとなるのである。

1-5 日本企業における必要性、3つの理由

これまでの「勘と経験」では通用しなくなってきている日本企業において、なぜピープルアナリティクスが必要なのか。

その理由は大きく3つある。

理由1：「人材の多様化」が従来のマネジメントモデルを通用させなくなっている

1つめは「人材の多様化」である。

これまで日本企業で働く人材は、新卒採用後に同じような配属が行われ、非常に同質性の高い人材が生み出されるような採用・育成モデルが適用されてきた。有名校から採用し、固定化されたローテーションパターンの中で配置・育成を行っていくことが一般的である。

こうした採用・育成が連綿と続くうちに、マネジメント側と同質性の高い人材が多くなるため、部下への指導や育成は管理者自身の経験と勘に基づいて行えば特に問題はなかった。

しかし、近年では、部下のバックグラウンドや経験のバリエーションは非常に多様化してきている。新卒採用中心に機能していた企業の労働力確保は、中途採用の比率を高めてきたことで、必ずしも同質性の高い人材が集まるようなことはなくなった。

また、海外で多くの経験を積んだグローバル人材が増加した職場では、意見の主張や判断基準など、従来の日本人の気質とは異なる様相を呈するように変わってきている。

さらには、デジタル世代やミレニアル世代の従業員は、即時性の高いフィードバックや承認欲求を強く望む傾向を示すなど、職場の人材タイプが大きく様変わりしてきている。

実際に、国内のコンサルティングファームに勤務する筆者の職場でも同様のことが起きている。筆者が所属する組織は100名規模だが、その

中で中途採用者は7割であり、イギリス、中国、インド、カナダ、シンガポール、オーストラリアなど様々な国の出身者が働いている。そのうち、ミレニアル世代は全体の7割となっている。まさに、多様化された環境といえるが、彼ら彼女らの価値観は一人ひとり大きく異なり、一律的な考え方で各人をマネジメントするのには無理があるのが現実だ。

モチベーションの状況などを把握するには自分の勘と経験だけでは判断が難しいため、勤務状況や意識調査などのモチベーションに関する様々なデータを組み合わせなければ、適切なマネジメントが行えなくなってきている。

›› 理由2:「働き方の多様化」が部下の仕事の状況を見えなくさせている

次に見逃せない要素が、「働き方の多様化」である。近年、テレワークや兼業・副業、フリーアドレスなどの普及により、物理的に上司が見えないところで作業を行う働き方が増えてきている。これ自体はワークライフバランスの観点からすれば重要な施策だが、一方で「見えない部下」へのマネジメントの複雑性という課題を生み出した。

また、リモートワーク環境の進展が退社後の深夜作業といった隠れ残業を誘発することにもなった。こうした状況においては、勤怠時間やメールの送受信の記録などのデータを組み合わせることで実働時間などを統計化し、部下の働き方の実際を上司がきちんとモニタリングできる仕組みの構築が求められる。

›› 理由3:「事業変化のスピードの加速」が部下のモチベーションの変化を加速させる

3つめの要素が、「事業変化のスピードの加速」である。

近年、製品やサービスのライフサイクルは年々短縮化してきており、それに応じて事業モデル、さらにはその事業を運営するために必要な人材要件も変化を見せてきている。事業のグローバリゼーションなどはわかりやすい例だ。

例えば、これまで従業員に英語能力を求めていなかった企業が、海外売上比率の増加とともに、英語能力の高い人材の採用を急ぐことが普通に行われるようになっている。

こうした従来とは異なる人材を採用する場合、「勘と経験」による人材マネジメントは機能しにくくなる。なかには活用できる経験値もあるが、新たな判断軸が求められるようになる。

テクノロジーに関する事業領域でも同様のことは起こる。日進月歩で変化するテクノロジーに対応できる人材を採用する場合、求める人材の質を判断するスキルが必要になる。英語力なら診断テストのスキル指標で判断できるが、テクノロジーへの対応能力を判断するには客観的なスキル指標が十分整備されていないうえに、採用側にその質を判断する能力が備わっていないことも多い。

そこで、こうした課題に対して、先進的な企業ではテクノロジーに関する技術者を評価するためのピープルアナリティクスのアルゴリズムを開発し、採用判断などに活用してきている。

「VUCA」の時代はアナリティクスの必要性が高まっていく

軍事用語として使われてきた、予測不能な状況を指し示すキーワード「VUCA」がビジネスの世界でも注目を集めている。VUCAはVolatility（変動性）、Uncertainty（不確実性）、Complexity（複雑性）、Ambiguity（曖昧性）の頭文字をとった言葉であるが、実際、経済環境、企業組織の構造、個人のキャリア感に至るまで、企業をとりまく様々な環境が複雑性を増し、予測不能な状況が散見されるようになった。

こうした先が見えない状況であるからこそ、データを用いて様々な状況を予測し、より適切な意思決定をしていくことが求められてくるのである。

これは日本の人材マネジメントにおいても例外ではなく、予測不能な時代だからこそ、人材要件を合理的に抽出するために、ピープルアナリティクスの重要性は今後急速に増していくはずだ。

[1]『ワーク・ルールズ!』(ラズロ・ボック著、鬼澤忍 / 矢羽野薫 訳、東洋経済新報社、2015年)

[2] Harvard Business Review - To Retain New Hires, Make Sure You Meet with Them in Their First Week (2018年)

[Online] https://store.hbr.org/product/to-retain-new-hires-make-sure-you-meet-with-them-in-their-first-week/H04DZ4

[3] The Wharton School, The University of Pennsylvania : WHARTON PEOPLE ANALYTICS CONFERENCE (2020年)

[Online] https://wpa.wharton.upenn.edu/conference/

[4] PwCコンサルティング合同会社－アジア地域におけるタレントマネジメントの動向調査(2013年)

[Online] https://www.pwc.com/jp/ja/japan-knowledge/archive/assets/pdf/asia-pacific-talent-management1307.pdf

[5] PwCコンサルティング合同会社－ Gut & Gigabytes 直観とビッグデータ (2014年)

[Online] https://www.pwc.com/jp/ja/japan-knowledge/archive/assets/pdf/gut-and-gigabytes-asia-pacific201412.pdf

第2章

人事データを活用する視点

2-1 人事データ活用のための3つのポイント

›› 従来の人事データでの分析の限界

海外で人事領域におけるデータ分析が進む一方で、日本国内での現状はどうだろうか。

多くの企業からは、人事データを分析したところで、自分の持っている勘による結果と差がない、もしくはデータが不十分で分析と呼べるようなものができないというような声を耳にする。

しかしながら、企業が従来保有している人事データだけを使って有用な分析を行うというのは、実際のところ無理がある。

従来の人事システムは、異動や評価、給与計算などの人事オペレーションを効率的に運営するために設計されていることが多い。こうしたシステムは1990年代にERP（統合業務基幹システム）が登場して以来、異動歴や評価歴といったような数多くの人事データをシステム内に蓄積して社員の履歴情報を一元的に保有することで、様々な人事業務の効率化に寄与してきた。しかし、そのデータ構造自体は予測や要因分析という、アナリティクスを前提にしては構築されていない。

また、人事部門に保有されている人事データは、実は人事システムと呼ばれる基幹システム内に格納されているデータとは別に、採用時や従業員意識調査のデータなど様々あり、「人事システムに格納されているデータ」＝「人事データ分析の対象データ」ということではない。

そこで本章では、ピープルアナリティクスとして活用するための人事データについて、3つのポイントを紹介していく。

2-2 動的データの活用

»» 活用が進む様々な動的データ

多くの方が人事システムに格納されているデータというと、その個人の学歴などの基礎情報、異動歴、評価歴、スキル情報などを思い浮かべることが多いようだ。

しかしながら、こうしたデータは1年に数回程度しか更新されない「静的データ」であり、ピープルアナリティクスの領域においては有用な分析結果を得られる直接的な要因にはなりにくく、通常は異動や評価など半期や年次レベルで意思決定を行うために必要とされるデータである。

実際に現場で部下のマネジメントを行う上司にとって最も必要とされるデータは、日々の勤務状況の変化やモチベーションの変化など、部下に対して「今何が起こっているのか」を迅速に把握できるものである。

こうした日常的な変化がわかるデータには勤怠情報や従業員意識調査などがある。

さらには、従業員の日々の活動を指し示すような「会議」「メール」「日報」、また工場などの作業現場であれば「行動導線」のような日々の活動変化を捉えることを目的としたデータがあり、こうしたデータのことを「動的データ」と呼ぶ。

動的データを抽出する代表的な調査方法が、「パルスサーベイ」だ。パルスとは脈拍のことであり、健康維持のために脈拍を毎日計るように、日や週、月などの高頻度で行う従業員意識調査である。

ただ、従業員意識調査のように何十問もの設問を高頻度で回答するには負荷が高いので、「昨日はよく眠れたか」「今日はやる気にみなぎっているか」といったモチベーションや体調に関する、1分間で数問程度に気軽に回答できるように配慮されていることが多い。

こうしたデータは単発に行うのではあまり意味をなさないが、数か月にわたりそのトレンドを追っていくことにより、従業員のモチベーションの機微な変化が追跡でき、これから発生する様々な変化やリスクに対して迅速に対応できるようになる。

このように、日々の人材マネジメントのニーズに照らし合わせて、新たな人事データが求められてきている。ピープルアナリティクスをより効果的に活用していくためには、まず人事が現場でどのようなデータが必要になるかを定義し、それに合わせて「動的データ」をいかに取得していくかを考えていかなければならない。

2-3 データの標準化・連結化

従来の人事データは効率的な分析には設計されていない

ピープルアナリティクスにおいてはパルスデータは重要な要素の1つだが、既存データの活用も同様に注力する必要がある。

先述したように、従来の人事データには異動歴や評価の記録など様々なものがあるものの、コード体系がバラバラだったり、テキストデータが紙で保存されていたりするなど、分析を前提にした設計ではないため、体系的な整理がなされていないことが多い。

そこで重要になってくるのが、データの標準化と連結化という考え方である。

データの標準化

まず、標準化についてであるが、これは人事で保有しているデータについて、その情報を一元的にコード化することにより、体系的に分析することを可能にする考え方である。異動歴が最も良い例として挙げられる。

筆者がよく企業から受ける相談が「社員がどのような経験をこれまでしてきたかを俯瞰できるように見える化してほしい」というものだ。

しかしながら、人事システム内に格納されている異動歴は、その多くが人事上の発令をベースにして構築されているケースが多く、職種が変わった場合のみならず、本人が担当する仕事が変わらなくても組織名が変わったりしただけで1つのレコードが生成されることになる。

また、こうしたレコードに組織名や役職名の記載だけだと、実際にどのような仕事を経験してきたかがわかりにくい。こうした場合、組織名や役職に対して、経験のタイプをカテゴリー化して分析しやすくする標準化という手法が有効だ。

例えば、図表2-1にあるように、「人事第1グループ課長」という発令情報があった場合、この業務内容は「人事の制度設計を行うグループで、そのマネジメントを行うこと」になるのだが、「第1グループ」という発令情報だけではどのような業務を行っていたかがわからない。

そこで、この情報に「人事制度設計」「人事マネジメント」といったサブカテゴリーを付加することで、「人事第1グループ課長」という情報に対して経験情報が意味づけされることになり、さらにカテゴリーをコード化することで、統計的な分析や検索などができるようになる。

ただ、これを実施するには膨大な作業量が必要となるため、過去を遡り過ぎての体系化は推奨できない。

それというのも、過去の発令情報を見ても、それが実際にどのような内容かを知る人材がいないこともあるからである。

実際の運用においては、過去数年を振り返るか、自己申告制を適用するなど、今後の運用に資するデータを見極めて、作業効率に見合う活用を考えるのが望ましい。

図表2-1　人事異動歴に対するコード設計例

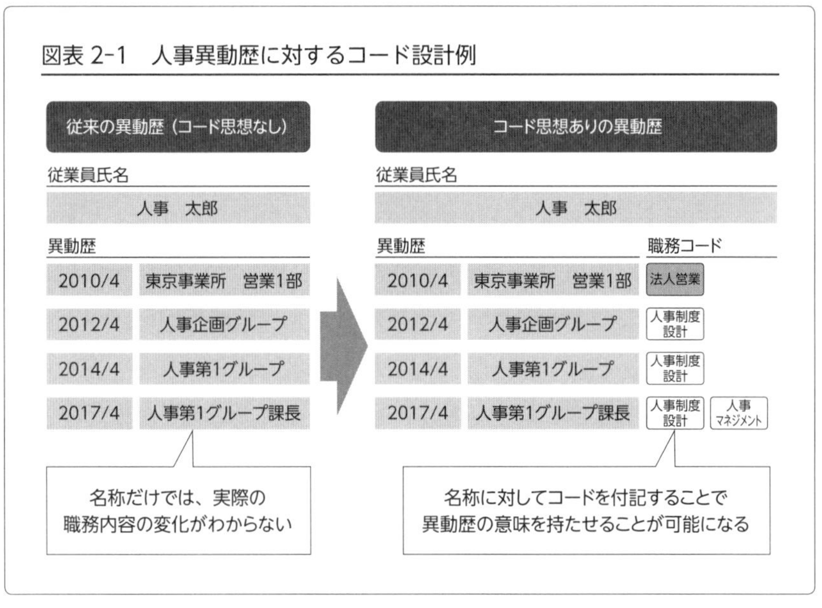

データの連結化

また、こうした従業員の経験値を示すデータをより体系的に管理するには、欧米ではよく用いられている「ポジション・マネジメント」という考え方が有効だ。ポジション・マネジメントは、1つ1つのポジション（仕事）に対して、必要な経験やスキル、コンピテンシーが「ジョブ・ディスクリプション」と呼ばれる定義書に明示される考え方である。いわゆる、「仕事（イス）」が先に定義されていて、それに人を当てはめる考え方だ。

これを現場に導入するには、ジョブ・ディスクリプションに定義されたスキル体系や経験などを従業員に理解してもらい、各人が保有する能力や経験を職務とマッチング（連結化）させ、ポジションに対する適性を図っていく仕組みの構築が前提となる。

また、この仕組みが構築されることで、従業員一人ひとりのスキルや経験のデータが体系化・可視化されることになり、自社が保有するスキル構造などの現状が明確になり、配置や採用などにも活用できる。

これまで日本企業では「人に仕事をつける」というアプローチのほうが多く行われてきたが、その理由としては仕事を固定化するよりも、流動的にしたほうが柔軟な人員配置が行えて、1つの会社で職業人生をまっとうできるうえでは都合がよかったからだ。いわゆる、終身雇用のもとでの働き方だ。そのため、ジョブ・ディスクリプションへの関心は薄かった。

ただ、事業環境の変化に合わせて企業内のスキルセットを大きく変える必要がある場合などは、その様相が異なってくる。例えばデジタル化への対応のためにIT人材を大量に補充するなどの場合、自社内で可能か、それとも外部から採用するかなどが検討されるが、このとき、体系化したデータに基づくスキル管理の有用性が問われることになる。

また、データに対する精度を問わないのであれば、自己申告によりこうしたスキルや経験などのデータを収集して可視化することでも、ピープルアナリティクスの最初のステップとしては有効といえる。

2-4 人事データの枠を超えるデータ活用

人事以外部門との連携強化がカギ

今後大きな注目を集めていくデータは、人事データだけではなく、ビジネスデータやワークスタイルデータなどといった、人事データ以外のヒトのパフォーマンスやエンゲージメントに影響を与える領域にその焦点はあたっていくであろう。

ヒトやビジネスのパフォーマンスという点を因数分解していけば、いわゆる人事データだけで、そのすべてを説明するには限界がある。現場での働き方や、部門ごとの仕事の進め方、さらには財務的なインパクトなど、ヒトにまつわるデータとその影響は多岐にわたり、これらの関係性を明らかにしていくことが求められるようになってくる。

こうなってくると、ピープルアナリティクスが活用すべきデータの範囲は人事だけでなく、各現場や関連部門、さらには個々の従業員の活動情報なども新たに収集する必要があるが、これには人事情報の機密性に十分配慮しなければならない。人事データ以外のデータの収集ということで、人事部門にとっては新たなチャレンジにもなる。

人事にとって新たな領域に足を踏み入れることにはなるが、人事部門にとって人事としての価値を社内や従業員に対してアピールする大きなチャンスでもあるので、経営層や情報システム部門、他部門との連携を早期に進めておけば、ピープルアナリティクスの進化への貢献の重要な一歩ともなるのだ。

第 3 章

人事システムの再構築

3-1 人事システムの構築に影響するトレンド

ピープルアナリティクスを社内に導入するには、どのような人事システム基盤が必要なのであろうか。

本章では、あるべき人事システムの姿を考えるにあたり、押さえておくべきトレンドについて説明したうえで、今後求められる人事システム像を紹介する。

トレンド1：加速するHRデータの多様化と分散化

ピープルアナリティクスで扱う「組織・人事データ」の範囲が大きな広がりを見せていることは、第1章でも触れたとおりであるが、実はすでに多くの企業で多種多様なHRデータを保有していることをまず指摘しておきたい。

HRデータでまずイメージされるのは、従業員個人の基本属性情報や配属情報・評価結果・給与額・勤怠の情報など、人事・給与・福利厚生・労務管理といった人事オペレーションに必要なデータであろう。

そして、これ以外にもピープルアナリティクスに有用な社員や組織に関するデータは組織内に多くある。例えば、採用時のエントリーシートの情報、適性検査情報、面接評価情報、キャリア希望に関する自己申告情報、従業員満足度調査データ、また、営業日報の情報や評価会議時における各社員へのコメント情報なども、企業が管理しているHRデータといえる。

通常、こうしたHRデータを企業ではどのように管理しているのだろうか。

人事オペレーションに必要なデータはERPなどの人事システムで一元的に管理されていることが多いが、それ以外のデータはExcelでの管理、別システムでの管理、なかには紙やPDFでのファイリングなど、分散して管理されているのが実状のようだ。

そして、分散管理の状況に拍車をかけようとしているのが、近年、次々にリリースされている個別機能に特化したHR Techサービスの存在である。具体的には動画面接プラットフォーム、志向性やスキルのアセスメントサービス、エンゲージメント管理に特化したサーベイサービスやワークスタイルデータ取得のためのウェアラブル端末などである。

こうしたHR Techサービスの利用により、得られるデータの範囲は広がる一方で、得られたデータは、各HR Techサービス上で管理されるため、HRデータの多様化・分散化はさらに加速すると考えられる。

›› トレンド2：分析ニーズは流動的に

事業変化のスピードが加速している現在のビジネス環境下においては、データ分析のニーズが変わらないという状況は稀であり、必要な分析内容は常に変化するものと考えるべきである。

グローバル化や事業内容の変化に伴って報酬ベンチマーク対象の企業の見直しが必要になる、また新規事業立ち上げに際して、これまであまり重視してこなかったスキル・経験を軸にした分析に着手するなどが例として挙げられる。

当然、人員数の推移や離職率の変動など、これまで見られていたような定点観測的な分析・レポートから見える示唆や傾向も存在するため、それらが不要になるというわけではないが、「VUCA」と呼ばれるような、変化が激しく、将来を見通すことが困難な時代の潮流を踏まえると、そうした定点観測的な分析だけでは不十分であり、事業環境の変化等に応じて新たな分析ニーズが日々生まれるようになることは避けられない。

加えて、テクノロジーの発達により、得られるHRデータの種類は間違いなく拡大していくが、それにより、これまでは思いもよらなかった分析のアイデアが生まれることも想定される。例えば、アクティビティデータを活用したハイパフォーマー分析などは、ウェアラブル端末等のテクノロジーがない時代には、誰も考えもつかなかったものであろう。

このようにHRデータの分析ニーズは、今後絶えず変化していくものとして考えるべきであり、そうした変化に対応するための柔軟性は、今後の人事システムが備えるべき1つの要素になるのではないだろうか。

»トレンド3：人材マネジメントに関する権限の現場への移譲

これまで多くの日本企業では、人事部門が主体となり人材マネジメントをリードしてきたが、現在、人事部門から現場マネージャーへその権限が移譲されはじめている流れがある。その要因の1つとして考えられるのが「人材の多様化」である。

第1章でも触れたとおり、今日の日本企業においては、外国人社員や中途採用者の拡大、ミレニアル世代と呼ばれる価値観の異なる年代の社員が増加するなど、企業における人材の多様化が進んでいる。その結果、人事部門による画一的な人材マネジメントが機能し難くなり、現場主導での、よりきめ細かな人材マネジメントが求められるようになった。

加えて、今後企業を支えていくミレニアル世代人材は、自らの成長を重視したり、転職を厭わないといった特性が認められることから、社員一人ひとりに寄り添いながら成長意欲を引き出し、エンゲージメントを高めるといった人材マネジメントへの注力が、より一層重視されてくる。

そうしたことから、人材マネジメントの中心的な役割が人事部門から現場マネージャーへ向かうことが予測できるのである。

では、この変化は今後の人事システムを考えるうえで、何を意味するのだろうか。それは、データおよび分析環境の提供先の変化である。

これまでHRデータというと、人事部門が独占的に管理し、機密情報も多く含まれているということで、現場への提供はほとんどなされてこなかった。

しかし今後は、現場主導での人材マネジメントを機能させるべく、現場マネージャーが必要なHRデータとデータ分析環境を提供することが不可欠であり、それを実現できる人事システムが求められるようになってくる。

3-2 既存の人事システム構成が直面する課題

ここまで人事におけるデータ分析に関するトレンドについて述べてきた。では、既存の人事システムは、こうしたトレンドに対応できるものになっているのであろうか。

結論から申し上げると、十分に対応できるものになっているとは言い難いと言わざるを得ない。そう考える理由を、これまでの人事システムに対する考え方や既存人事システムに関する課題を交えながら、解説する。

課題1：All in Oneシステムの限界

1つめの課題は、ピープルアナリティクスで扱う多種多様なデータを、人事基幹システムなどの特定の1つのシステムですべて管理することは、事実上、不可能だということである。

ERPパッケージをはじめとした統合基幹システムが現れて以降、1つのシステムで極力幅広い業務をカバーし、すべてのデータを1つのシステムで一元管理することが目指すべき姿だとされてきたのが、これまでの人事システムの考え方であった。Core-HRや給与計算はもちろん、勤怠管理、さらにはタレントマネジメントといった領域まで、1つのパッケージシステムで実現するというようなことを人事部門ではチャレンジしてきたのではないだろうか。

こうした「All in One」を目指すのはシンプルで合理的な考え方であるが、採用したパッケージシステムがすべてに対応できるとは限らず、企業ごとの要件に合致しているとも限らない。機能不足のために一部の領域でシステム化を見送る、補完のためのアドオン開発を行い、結果的に構築費用が膨らんでしまった、ということはよくあるケースであり、現実的には「All in One」の実現は非常に困難である。

ピープルアナリティクスで扱うデータの管理についても、同様のことがいえる。つまり、分析に使用するデータをすべて1つのパッケージシステムで管理することは非常に難易度が高いのである。

パッケージシステムの場合、基本的には標準項目以外のデータ管理には不向きであり、項目追加等に関する制約もあるため、思うようにはパッケージ外のデータの管理はできない。各パッケージベンダーも機能の充実化を図り、カバー領域を拡大させているものの、今日の加速度的なHRデータの多様化・分散化により、「All in One」実現の難易度は以前にも増して高まっており、ほぼ不可能ともいえる状況である。

採用したパッケージシステムの中で管理可能なデータに絞ってピープルアナリティクスを行うという方法も取り得る選択肢ではあるが、第2章でもお伝えしたように、人事システムで管理可能なデータというのは人事オペレーションで利用される静的なデータであり、精緻な分析には不十分であることが多い。その結果、思ったような結果や効果を得られないことが予想される。

このように、「All in One」へのこだわりは、ピープルアナリティクスを進めるうえでの阻害要因ともなるため、注意が必要である。パッケージシステムの守備範囲にとらわれず、ピープルアナリティクスに必要なデータを自由に蓄積／分析できるシステム基盤とはどういったものなのか、ということをゼロから考えることが求められている。

›› 課題2：固定的な分析レポートだけでは不十分

2つめの課題は、既存の人事システムでは、日々変化する分析ニーズへの対応が困難なことである。

各企業が持つ既存の「人事システム」は、あくまで入社や異動、給与計算といった人事におけるオペレーション業務を支援・効率化することを主眼においたシステムであるため、分析に関する機能が十分でないことが多い。もちろん、人事データ活用の重要性が早くから認識されはじめた欧米のパッケージ製品の中には、分析やレポートの機能が装備されたものもあるが、それでもややビジュアライズ化された定型的なレポーティングにとどまっているのが大半である。毎月決まったKPIを確認するにはそうした機能で十分に対応可能であるが、分析ニーズが日々変わる場合には対応が困難だと言わざるを得ない。

日々変化する分析ニーズへ対応できるだけの柔軟性やユーザビリティということを踏まえるのであれば、「人事システム」という枠から飛び出し、分析作業に特化したツールの活用を検討すべきだ。

課題3：現場側のデータに対するアクセシビリティの低さ

3つめの課題は、必要なHRデータに自由にアクセスできる環境が、人事以外には提供されていないことだ。

繰り返しにはなるが、今後の人材マネジメントの中心は現場マネージャーであり、彼ら／彼女らが必要に応じてHRデータを参照・分析できる環境を整備することが極めて重要になる。翻って、既存の人事システムはそうしたニーズには対応できていない。

これまでの人事システムで現場に提供されてきた機能に、MSS（Manager Self Service）やESS（Employee Self Service）と呼ばれる、従業員本人の個人情報やスキル情報等の登録業務や各種承認作業などを現場側で実施できるものがある。これらの主な目的は、あくまで業務の一部を現場に移管することによる人事担当の業務効率化であり、現場マネージャーの人材マネジメントを支援するためのデータ提供機能やデータ分析機能などではなかった。

そのため、現場側でHRデータが必要となるたびに、人事部に対するデータ提供依頼→人事部による手作業でもデータ収集・加工→現場へのデータ提供、といった非常に煩雑な対応を余儀なくされていた。

また、提供データの内容が現場の想定していたものと異なっている、追加のデータ提供依頼が五月雨でなされる等の理由でやりとりが1回では終わらないという声もよく聞く。これでは人事担当にも現場マネージャーにも業務負荷がかかるだけでなく、データのタイムリーな活用もできない。

今後は、こうした現場の打破、つまり現場マネージャーが必要なデータを必要なタイミングで取得・分析できるということを重視し、人事システムを検討する必要があるだろう。

3-3 ピープルアナリティクスを実現する人事システム構成

ここまで既存の人事システムが抱える課題について述べてきたが、ではピープルアナリティクスを実現させるためにはどのような人事システム基盤を構築すればよいのだろうか。

図表3-1は筆者が考える、ピープルアナリティクスを実現するための人事システム構成である。もちろん目指すべき姿は、各企業における現行システム構成や人材マネジメントポリシー、ピープルアナリティクスで実現したいこと等によって変わってくるため、この図はすべての組織に該当するものではないが、それでもHRデータの分散化や現場マネージャーのデータ活用などに課題がある場合、ソリューションの有効策のヒントにはなるであろう。

以下に、この人事システム構成の概要を述べたうえで、利点について具体的に解説する。

図表3-1　ピープルアナリティクスを実現する人事システム構成

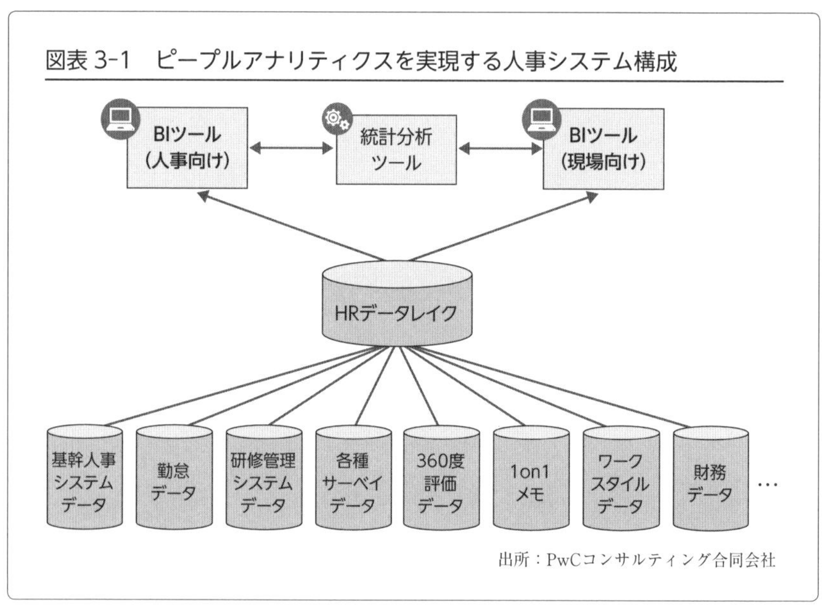

出所：PwCコンサルティング合同会社

»概要：「HRデータレイク」へのデータ統合とBIツールによる分析

既存の人事システムとは全く別に、ピープルアナリティクスに活用するデータを一元的に管理するための「HR データレイク」を新たに構築するというのが、本システム構成における1つめの特徴である。

「データレイク」という言葉の定義については現時点で確立されたものはなく、人やベンダーごとに様々であり、シンプルに言えば「多数のデータソースからの多種多様なデータを一元的に格納するリポジトリ(収納庫)」のことである。要は、社内に散在する多岐にわたる HR データを1か所に集めて管理する仕組みである。

これにより、例えば、基幹人事システムで管理されている従業員の基本情報や所属情報だけでなく、勤怠システムで管理されている勤怠情報、研修管理システムで管理されている研修受講実績、外部ベンダーが管理している適性検査結果やエンゲージメントサーベイ結果、さらには Excel で管理している 1on1 時の情報などを1つの環境で一元的に管理できる。

2つめの特徴が、BI ツールの活用である。BI ツールとは Business Intelligence ツールの略称で、企業に蓄積された多種多様なデータを加工、分析、可視化して、経営上の意思決定の精度向上や業務の効率化を実現するためのツールである。BI ツール活用は人事以外の企業経営の各領域のほか、スポーツの世界でも非常に進んでおり、企業やチームの競争優位を決定する要因の1つとなりつつある。

例えば、製造業 A 社では、製造ラインで蓄積されるデータの可視化や品質管理で得られたデータとの統合を通じた不良品の原因分析を行っている。またバレーボール日本代表は、試合中のプレーデータを監督が持つ iPad 画面にリアルタイムで可視化し、メンバーチェンジや戦術の検討に活用している。

利点1：データ一元化の網羅性・対応性の高さ

既存の人事システムで、多種多様なHRデータをすべて管理することは非現実的であることは先述したとおりだが、「HRデータレイク」によって、パッケージシステムの標準機能や標準項目の制約を受けることなく、ピープルアナリティクスに必要なデータを様々なデータソースから網羅的に一元管理することが可能になる。もちろん人事以外の、例えば会計システムや営業支援システム等から情報を管理することも全く問題ない。また、得てして、ピープルアナリティクスの成熟度が上がるにつれ、分析対象データは拡大するものであるが、そうしたデータの拡張・追加ニーズに対しても、HRデータレイクは柔軟に対応することができる。

加えて、既存の人事システムの改修がほぼ不要であることも、この「HRデータレイク」の利点である。基本的に本システム構成は、既存の人事システムやその他のアプリケーションから「HRデータレイク」へデータを連携させ、データの一元化を図る方法であるため、連携部分のコネクタの設計や構築に多少の工数は必要であるものの、既存システム内の機能等の改修は発生せず、構築のボリュームは非常に小さいものになる。HRデータの一元管理を主目的にして、比較的リッチなERPパッケージシステムを導入するという事例も稀に聞くが、「HRデータレイク」を構築すれば、より幅広いデータを早く安く管理することができる。

利点2：多様な分析ニーズに対する柔軟性の高さ

事業環境の変化に応じて日々生まれる新たな分析ニーズには、どのように対応すればよいのであろうか。その答えの1つが、BIツールが持つ「集計や可視化作業の簡便さ」と「インタラクティブ性」という特性の活用である。

・集計や可視化作業の簡便さ

これは、データの集計作業やグラフや表作成のための作業の手間が大きく軽減されるということである。これまでExcel等を活用し手作業で行っていたデータの集計作業やレポーティングが、BIツールを活用すれば、ドラッグ&ドロップなどの簡単な操作で瞬時にグラフなどに可視化できるようになる。

・インタラクティブ性

インタラクティブ性とは、BIツールで作成されたダッシュボード では、ユーザーは直観的な操作で、自身のニーズに即してデータの深掘りを行うことが可能だということである。「ドリルダウン」はこのインタラクティブ性を実現している1つの機能である。ドリルダウンとは、データの集計レベルを1つ掘り下げることであり、例えば、「部」単位での人員数データを「課」単位に集計し直すなどの操作が該当する。BIツールのダッシュボード上ではそうした分析をワンクリックで行うことができる。

BIツールで作成されるダッシュボードとの比較で、人事システムから出力されるレポート・帳票を「静的」と表現することがあるが、これはあらかじめ定義された条件に基づいた結果を表示するのみで、自分なりの新たな観点で分析を行うことができないときに使われる言い方だ。

例えば、図表3-2にあるような新卒入社者の内訳のグラフがレポートとして表示されている場合、表示された内容以上の情報をそのレポートから得ることができない。しかし、BIツールで作成されるダッシュボードであれば、「理系出身者のうち女性は何人か」「事務職採用者のうち大学卒業者は何人か」といった情報を数クリックで取得することができる。BIツールで作成されるダッシュボードは、あたかもダッシュボードと双方向の会話をしながら、自身の仮説や興味に応じて分析を進めることができるため、日々変わる多様な分析ニーズにも対応しやすいのである。

なお、分析内容に対する柔軟性を確保するためには、データマートの作り方も従来とは変える必要がある。データマートとは、分析の用途や目的に応じて、必要なデータだけを抽出して作成するデータベースのことであるが、これまでは分析の都度、社内に保有する膨大なデータソー

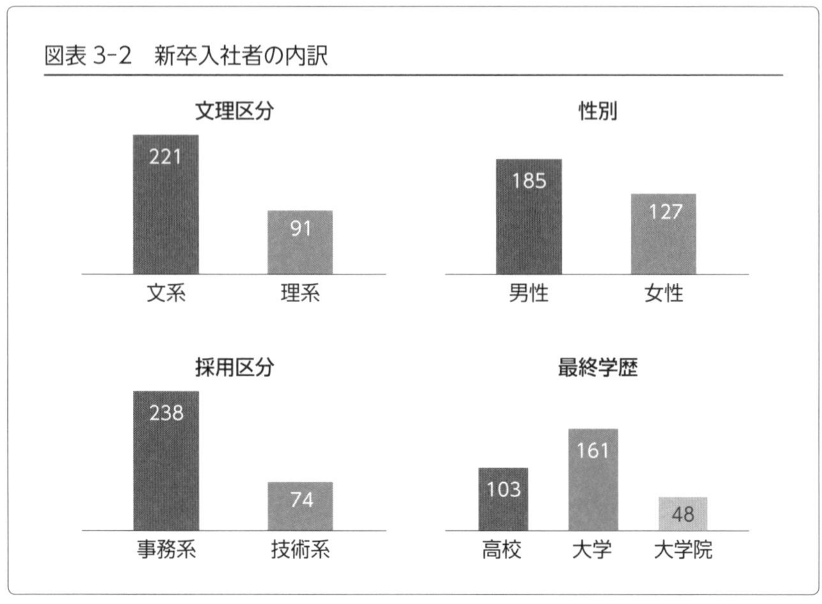

スの中から、特定の分析目的に特化したデータマートを作成することが多かったと思われる。

しかし、この方法の場合、分析の内容が少し変わるたびに、データマートを作成し直さなければならなくなるため、分析ニーズの流動化が進む今後においては非効率的なやり方だ。

それを避けるには、採用・配置・勤怠といった比較的大くくりな単位でデータマートを予め作成し、分析者に提供する方法がある。

›› 利点3：現場でのデータ活用に対する適合性の高さ

必要なHRデータに自由にアクセスし、分析できる環境を現場マネージャーに提供することが必要であることは繰り返し述べてきたが、BIツールはその要件に適したツールである。

まず、「自由にアクセスできる」という点では、BIツールというプラットフォームを活用することで、人の手を介さずにタイムリーにデータを現場に提供することができる。人事と現場との間で発生している手作業でのデータのやり取りがなくなるとともに、BIツールにはユーザーの所属部署や役職によってアクセスできるデータの範囲を制御できる権限設定機能があるため、セキュリティレベルも向上する。

また、「分析できる」という点では、BI ツールはユーザーフレンドリーなツールであることが重要なポイントとなる。ここ最近、「セルフサービス BI ツール」と呼ばれる、ユーザーインタフェースや操作性が優れ、専門的な IT スキルを持たないユーザーでも扱える製品が普及しはじめたことで、活用のハードルが非常に下がってきている。

例えば、日系小売業 B 社では、各エリアマネージャーが BI ツールを活用し自身の担当エリアの商圏分析を行ったり、日系サービス業 C 社では、営業社員一人ひとりが BI ツールを活用しながら、顧客ごとにカスタマイズされた資料作成やデータに基づいた提案を行ったりなどのように、分析の専門家ではない社員が BI ツールを活用することが一般的になりつつある。

›› 利点4：統計分析ツールとの親和性の高さ

今後、ピープルアナリティクスを導入するうえでは、要因分析や予測分析といった比較的高度なデータ分析、例えば、多変量解析などの分析手法の活用が求められてくるようになるが、それに伴い統計専門の分析ツールの組み込みが必要となる。

代表的な統計分析ツールとしては「R」などが挙げられるが、残念ながら既存の人事システムのほとんどは、そうしたツールを組み込むことができない。

一方、多くの BI ツールには統計分析ツールを組み込むことができる機能が備わっており、高度なデータ分析にも対応可能である。具体的には、BI ツールから最新の HR データを統計分析ツールへ渡し、分析結果を BI ツールへ戻し、可視化するようにする。これによりユーザーは、常に最新の分析結果をダッシュボード上で確認することができる。

その結果、通常のオペレーションの中にアナリティクスが組み込まれ、分析に基づくアクションが現場レベルで日常的に行えるようになる。

3-4 データ品質管理の落とし穴

いくら分析環境を整えたとしても、肝心のデータの品質が低いと正しい分析は行えない。人事システムの内容とは少しそれるが、ピープルアナリティクスにおけるデータ品質管理で直面しがちな課題とその対応策を紹介する。

データ項目や内容の頻繁な変更

1つめの落とし穴は、HRデータは項目や内容の変更が頻繁に行われやすいということである。法律や労働組合と合意されたルールを遵守するために必ず管理する必要がある情報も一部存在する一方で、それ以外については比較的柔軟に変更が可能である情報が多い。

例えば、人事評価時に見られるコンピテンシーが2、3年おきに見直されたり、レーティングが5段階から3段階に変更されたり、等級の名称が変わったりなどということはよく起こりがちだ。

こうした変更が発生した場合、変更前のデータと変更後のデータを単純に統合してしまうと、当然、正しい分析が行えなくなるため、制度や業務の要件を把握し、データの持つ意味を理解したうえで、分析用にデータを加工する必要がある。

では、こうしたデータの不整合を防ぎ、正しくデータ分析を行うためには、どうすればよいか。

それには、定期的にデータクレンジングを行うプロセスを業務の中に組み込むことが有効である。データクレンジングとは、データの中に存在する重複や誤記、表記ゆれなどを見つけ出し、削除・修正などを行い、データの品質を高めることである。いつどんな分析ニーズがあるかわからないため、常に分析可能な状態でデータを管理しておくのである。海外の先進企業の中には、ピープルアナリティクスの専門組織内に「データエンジニア」と呼ばれる、未整備で雑多なデータを分析可能な状態にすることを専任的に行う要員を設置するところもある。

実は、データ分析において最も労力が必要だとされるのが、分析前のデータ整備である。データ整備状況によって分析の精度は大きく変わるため、十分にリソースを投入し、丁寧に対応することが求められる。

›› 従業員から情報を取得することの難しさ

2つめの落とし穴は、従業員からの情報取得やアップデートは、非常に難易度が高いということである。

ピープルアナリティクスに使うデータの中には、従業員本人からしか知りえない情報もある。例えば、各種サーベイはもちろんのこと、資格・スキル情報、前職での経験や興味分野も本人が回答しないかぎり取得は困難である。ピープルアナリティクスを目的に、こうした情報を従業員本人から取得しようと試みるものの、うまくいかないという声は多く耳にする。

また、一度は取得できたものの、情報の定期的なアップデートへの協力はさらにハードルが高くうまくいかないことが多いため、情報が徐々に陳腐化してしまう。

従業員からの協力がなぜうまくいかないかの理由は明確で、情報の登録・更新作業は従業員にとって負荷にしかならず、回答のインセンティブがないからである。

こうした実態を踏まえ、まずは従業員の協力がなくても収集できるデータを活用することから取り組みはじめるとよいだろう。

それでも、従業員から情報を取得する必要がある場合には、取得対象に明確にメリットを提示することである。例えば、資格・スキル情報を登録した者には、その内容に基づき、目指すべき将来のキャリアプランモデルを提示したり、興味分野を登録した者には、その分野に関連する仕事や研修の情報や機会を優先的に提供するなど、協力したことに対するメリットを具体的に示し、回答の動機づけを図ることが有効である。

そして、メリットの提示とともに、従業員の負荷を減らすことにも配慮する。例えば、パルスサーベイの質問項目は5つにとどめる、1on1

の場を通じて情報を収集するなど、通常の業務の一部に組み込むといった方法があるだろう。

いずれにしても、「とりあえず従業員から情報を取得してみる」というのは避けるべきである。拙速な対応で最初につまずいてしまうと、以降の協力が非常に得にくくなってしまうからだ。自社の従業員の特性なども踏まえながら細心の注意を払い、機能するインセンティブや情報取得プロセスを設計することが重要である。

Column

ピープルアナリティクスにおける個人情報保護

♦ ピープル・アナリティクスとパーソナルデータ

ピープル・アナリティクスは従業員等の人事データを用いるため、パーソナルデータ保護への配慮も重要である。

2018年には、アマゾンが開発していたAIを活用した人材採用システムが過去データのバイアス等から女性差別的な判断をする欠陥を有していたことから、開発が中止されたというニュースが世界を駆け巡った。

また、2019年には、就職情報サイトの運営会社が就活生の同意を得ずに内定辞退率を含むデータを企業に販売していた問題について、個人情報保護委員会より受けた勧告・指導がなされた。

ピープル・アナリティクスを利活用するにあたっては、パーソナルデータへの配慮が不可欠である。ひとくちにパーソナルデータへの配慮といっても様々な側面があるので、次のように各側面のリスクを切り分けて把握することが重要である。

♦ 我が国のパーソナルデータ保護法制

日本企業であれば、我が国のパーソナルデータ保護法制を遵守する必要がある。

我が国の民間企業における個人情報の取扱いを規律する法律として、個人情報の保護に関する法律（個人情報保護法）がある。たまに氏名等の個人を識別できる部分の情報のみが個人情報として規律の対象になると考えたり、氏名等の個人識別部分をマスキングすれば個人情報保護法の適用はなくなると考えたりする者がいるが、誤解である。

「個人情報」とは、生存する「個人に関する情報」であって、「当該情報に含まれる氏名、生年月日その他の記述等により特定の個人を識別することができるもの（他の情報と容易に照合することができ、それにより特定の個人を識別することができるものを含む。）」又は「個人識別符号が含まれるもの」をいう、と定義されている。

そして、ここでいう「個人に関する情報」とは、氏名、住所、性別、生年月日、顔画像等個人を識別する情報に限られず、個人の身体、財産、職種、肩書等の属性に関して、事実、判断、評価を表すすべての情報であり、評価情報、公刊物等によって公にされている情報や、映像、音声による情報も含まれ、暗号化等によって秘匿化されているかどうかを問わない、とされている（平成 28 年 11 月［平成 31 年 1 月一部改正］付個人情報保護委員会「個人情報保護法ガイドライン（通則編）」2 − 1）。

このように評価情報などであっても「個人情報」に含まれることは明らかであるから、例えばピープルアナリティクスで用いるオペレーショナルデータ、センチメントデータ、パーソナリティデータ、アクティビティデータの大半は個人情報保護法の規律を受けることになる。そこで、ピープルアナリティクスの設計と運用の際には、個人情報保護法の遵守がなされているのかをチェックする必要がある、ということは肝に銘じてほしい。

また、個人情報取扱事業者に対する行政規制として個人情報保護法を遵守していたとしても、プライバシーを侵害した場合には不法行為に基づく損害賠償請求（民法 709 条）や差止請求の対象になるので、この意味でも社会通念上妥当性を有する設計・運用が重要である。

そのほか、2020年12月17日、公正取引委員会は「デジタル・プラットフォーマーと個人情報等を提供する消費者との取引における優越的地位の濫用に関する独占禁止法上の考え方」を公表した。

この考え方は、「自己の取引上の地位が取引の相手方である消費者に優越しているデジタル・プラットフォーム事業者が、取引の相手方である消費者に対し、その地位を利用して、正常な商慣習に照らして不当に不利益を与えることは、当該取引の相手方である消費者の自由かつ自主的な判断による取引を阻害する一方で、デジタル・プラットフォーム事業者はその競争者との関係において競争上有利となるおそれがある」との認識から個人情報等の不当な取得及び個人情報等の不当な利用が「優越的地位の濫用」となる場合を整理している。

従来、優越的地位濫用は事実上、事業者相手に限られてきたが、事業競争の基盤として消費者の自由かつ自主的な判断が存在することから競争法的規律を及ぼしたものと考えられる。

パーソナルデータをめぐっては、個人情報保護体系のみならず、競争法体系にも目配せする必要が生じてきている。

◆ 各国のパーソナルデータ保護法制：EUとアメリカ

パーソナルデータ保護法制は各国によってまちまちであるから、サービス内容が我が国内部にとどまらない場合には、関連する各国のパーソナルデータ保護法制にも留意する必要がある。

EUでは、2018年5月25日から完全適用が開始されたEU一般データ保護規則（General Data Protection Regulation：GDPR）があり、我が国の法制よりも厳しい規制を設けている。例えば、プロファイリングに対して異議を唱える権利（GDPR21条）や自動処理による個人に関する決定の対象とならない権利（GDPR22条）などの、日本にはないが、ピープルアナリティクスの実施にあたって重要な規制がある。

アメリカは、我が国のように民間分野の個人情報を包括的に規律する一般法としての連邦法はなく、自主規制を基本としつつ、金融・通信・医療等の各分野ごとに個別法が定められるセクトラル方式が採られている。また、連邦取引委員会（Federal Trade Commission：FTC）が連邦取引委員会法（Federal Trade Commission Act of 1914:FTC法）5条の「不公正若しくは欺瞞的行為又は慣行」に該当するものについて、執行権限を用いてプライバシー分野を規律してきた。

しかし、アメリカでも、2018年にデータ分析会社のケンブリッジ・アナリティカによるフェイスブックのユーザーデータを不正取得したとされるケンブリッジ・アナリティカ事件が発生したことなどを背景として、新たにプライバシー保護法の制定の動きを活発化させている。

例えば、2018年6月、カリフォルニア州では消費者プライバシー法（The California Consumer Privacy Act of 2018：CCPA）が成立し、従来よりも強い規制を行っている。

◆ 倫理面における配慮：自主的な取組みの必要性

以上のとおり、我が国のみならず各国法の法規制を遵守することは必要最小限度のこととして必要であるが、企業は法規制だけを遵守しておけば足りるわけではない。

近年の個人情報保護の意識の高まりから、法令に違反していなくても、個人情報やプライバシーへの配慮が欠けていると、「炎上」してしまい、深刻なレピュテーション（世間の評判）の低下を招く可能性もある。こうしたレピュテーション・リスクに対しても企業は適切に対応していく必要があろう。

しかし、レピュテーション・リスクに対応するといっても、個人情報保護の意識は各人によって異なるのであり、どこまでの配慮をすればよいのか明らかではない。

そこで、各企業は自主的な取組みとしての自主的な原則・ガイドライン・

基準を定めることにより、これらの自主的な原則・ガイドライン・基準を目安として対応していくことが考えられる。

平成30年12月19日、公益社団法人商事法務研究会に設置されたパーソナルデータ＋α研究会は「プロファイリングに関する提言案」を公表し、業界団体等に対してプロファイリングに関する自主的なガイドライン等の作成をすることを提言した（NBL1137号64頁）。

このような動きを踏まえて、一般社団法人ピープルアナリティクス&テクノロジー協会は令和2年3月に、個人情報を含む人事データを利用したプロファイリングに関して、人事データ利活用原則として、次の9原則を提言した（詳しくは資料編参照、238ページ）。

1 データ利活用による効用最大化の原則
2 目的明確化の原則
3 利用制限の原則
4 適正取得原則
5 正確性、最新性、公平性原則
6 セキュリティ確保の原則
7 アカウンタビリティの原則
8 責任所在明確化の原則
9 人間関与原則

これらの諸原則は事業者がピープルアナリティクスを行う、あるいはHRテクノロジーを導入する際に、社会的・倫理的責任を果たすうえで参照すべきチェックリストとして機能することが期待されるものである。企業としては、こうした業界の自主的な取組みとしての諸原則を活用することにより、レピュテーション・リスクに対しても適切に対応していくことが可能であろう。

もちろん、自主的な原則・ガイドライン・基準を遵守していれば必ず「炎上」を防げるわけではないが、自主的な取組みに則った適正な対応をしていたということは「炎上」を防止するための「盾」にもなるだろう。そして、こうした「盾」を持っておけば、ある程度安心してピープルアナリティクスの実装を行うことができるようになるため、こうした自主的な取組みは「矛」にもなるものである。

◆ 法務部や人事部など部門の垣根を越えた対応を

人事部や開発現場だけですべての情報を囲い込んでしまう場合、法律上または倫理上のリスクが発生しやすい。ピープルアナリティクスの導入にあたっては、法務部門や担当役員などとも十分にコミュニケーションをとって進めていく必要がある。

また、製品やサービスの設計・スキームづくりそのものに個人情報保護法の規制内容が密接に絡むことが多い。そのため、必要に応じて外部の個人情報保護法制に詳しい弁護士などと協力しながら、スキームを構築する局面から法律面・倫理面に注意を払っていくことが重要である。上記で紹介した人事データ利活用原則のうち責任所在明確化の原則は、このような関係者とのコミュニケーションを強化するように求めるものである。

第4章

分析テクニックとその活用法

4-1 人事データの分析

人事データを分析するポイント

人事データ分析のポイントは、端的には、人事データをどのように活用すれば、人材マネジメントの課題を解決できるかといった視点を持つことだ。

わずかな予測精度の誤差が売上や投資意思決定に影響するマーケティングデータや経済データの分析と違って、人事データの分析は、精度そのものよりも意味・解釈性に重きを置き、正確性・最新性・公平性を確保する必要があることから、説明性の高い手法が選ばれることが多い。日常の人事業務への活用では、Excel などの表計算ソフトを使って集計や可視化を行うだけでも十分な場合もあり、ノート PC でも対応が可能だ。

一方、従業員の行動・振る舞いに関するデータやセンシングデータなどのアクティビティデータや、音声・画像・動画といった構造化されておらずデータベースでの管理が難しいデータの活用には、専用の解析ツールやクラウドサーバーを活用するなど、効率的かつ効果的に分析する技術が求められる。

また、対象のデータにおいても、サンプルサイズが小さい、欠損や外れ値が多い、分析対象の分布が偏った不均衡データとなっているなど、そのままだと分析が難しい場合もある。人事データ特有の欠損や時系列性に注意し、適切に前処理・データクレンジングを行うことで、データを分析できる形に整える必要がある。

さらに、もともとのデータのバイアス、データ収集時のバイアス、分析する際の技術的なバイアス、運用時の人による認知バイアスなど、あらゆるプロセスでバイアスと呼ばれる偏りが発生し、結果を歪める可能性があることにも注意する必要がある。

4-2 人事データの関係性分析

人事データ分析は、分析の目的や何を知りたいか、サンプルデータの構造によって、選択するアプローチ・手法が変わる。

例えば、集計や可視化による現状把握や、心理学や調査などで使われる推測などの統計学的アプローチ、計量経済学などの因果推論的なアプローチ、AI・機械学習的なアプローチなどがあり、すべてを網羅することは難しいが、本章では、データの構造や関係性を見るための可視化、統計的仮説検定、要約・グルーピング手法、予測手法を紹介する。

可視化の種類

集計・可視化は、シンプルだが、データを理解するのに効果的である。

表計算ソフトやBIツールを活用して集計・可視化を行うだけでも、KPIのモニタリングやインサイトの導出を行い、人事・経営の意思決定に活用できる。

さらに、評価・役職・所属・属性などの分布を把握することで、目的に対して有効な分析が可能かを検討することができるようになる。

例えば、社内の潜在的ハイパフォーマーを予測することで人材プールの拡充を意図したとしても、「データのサンプルサイズが小さい」「男女の分布が異なる」「ハイパフォーマーの母数が少ない」といった場合に、そのまま機械学習を活用して予測を行っても、良い結果が出ないことがある。

まずは、集計・可視化を行いながら、目的に対してどのようなアプローチが可能かを検討することが重要である。

可視化で活用するグラフやチャートは、比較対象となる項目・構成要素、分布の構造、時系列性など、目的や知りたいことに応じて選択する。ここでは、よく使われる代表的なグラフの種類と統計解析法を紹介する。

›› 主なグラフ

・棒グラフ（縦・横）

棒の長さ（高さ）で、数量の大小を比較するもの。所属や属性といった項目比較、年度ごと比較などができる。あわせて統計的仮説検定（t検定、χ二乗検定等）を行うことで、統計的に有意な差があるかを確かめることができる。

・ヒストグラム

大量のデータを一定の基準に従って、いくつかの階級に分け、各階級に属する度数を対応させたもの。

・積み上げ棒グラフ

内訳を比較する場合に適したもの。項目や時系列ごとの集計値を100%にすることで、全体に対する構成割合を比較することができる(100%棒構成比グラフ)。

・円グラフ

円を使った扇形で、データの内訳や割合を表すもの。円全体が100%となる。構成比を直感的に把握することができる。積み上げ棒グラフでも代替可能であるが、円グラフは、比較的データの項目数・個数が少ない場合に使われる傾向がある。

・折れ線グラフ

データを線で順次つないで表現するもの。複数の項目について、時系列の推移を見るのに便利である。

・レーダーチャート

レーダー状に複数の項目の大きさを表わし、対象の全体像を表現するときに使うもの。適性検査や、アンケート結果の集計の際によく用いられる。各人物や、部門の特徴、ハイパフォーマーの人物特徴の把握などの際に用いられることが多い。

・散布図

２つの変数の関係を見るために、横軸と縦軸にそれぞれの量をとり、データをプロットしたもの。２つの変数の間に、関係があるかを確認するのに便利である。

棒グラフ

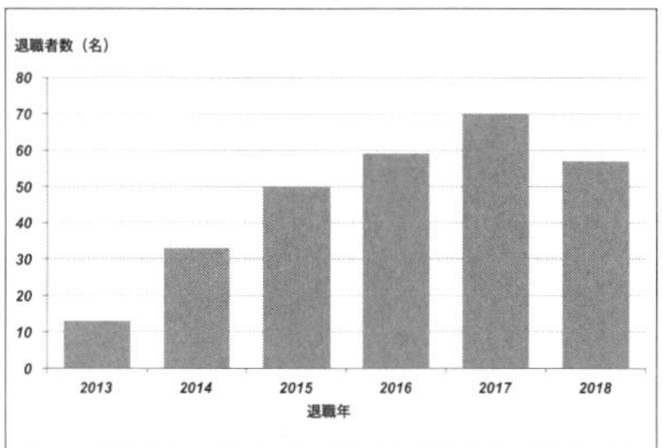

ヒストグラム

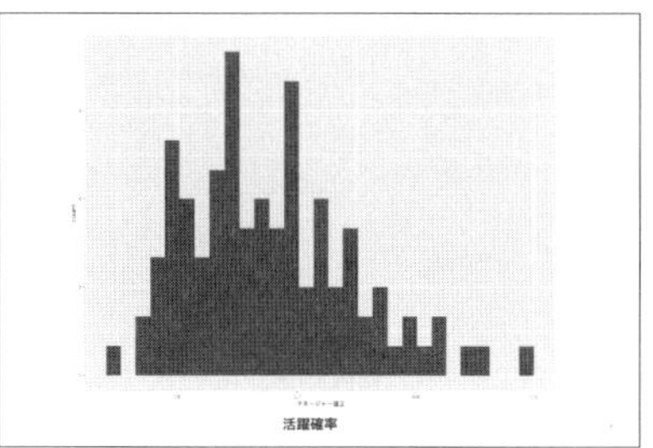

積み上げ棒グラフ

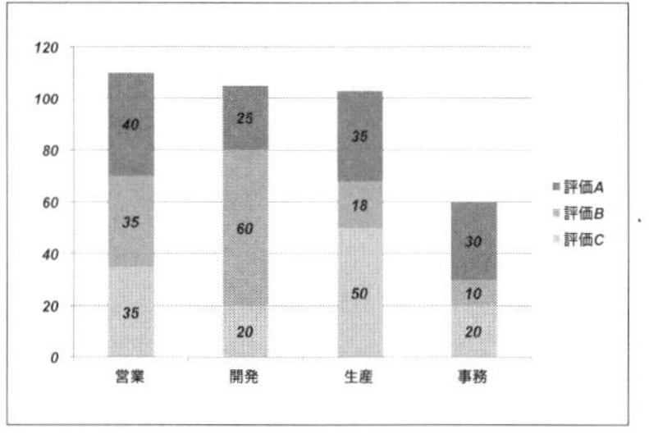

円グラフ

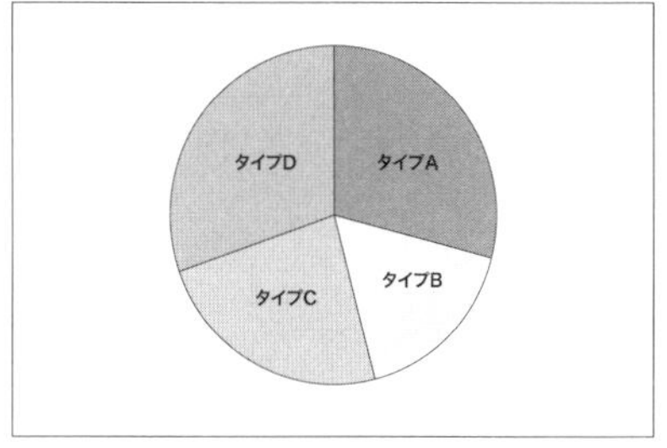

折れ線グラフ

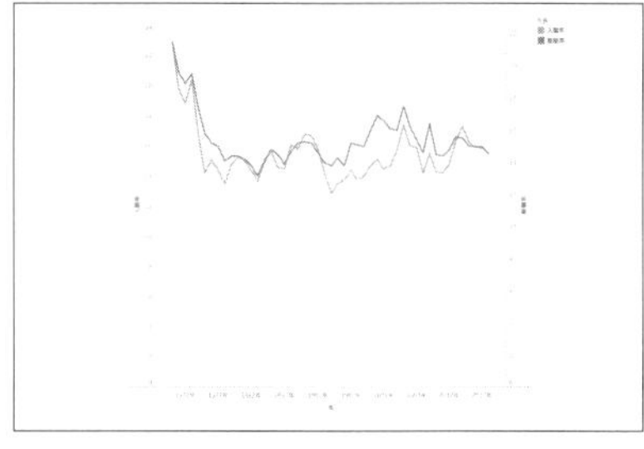

レーダーチャート

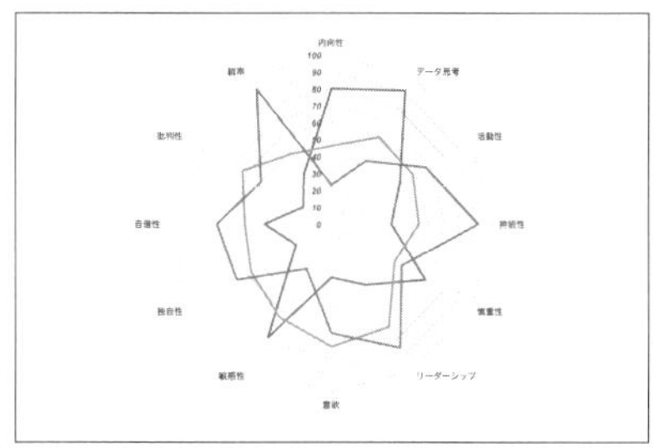

散布図

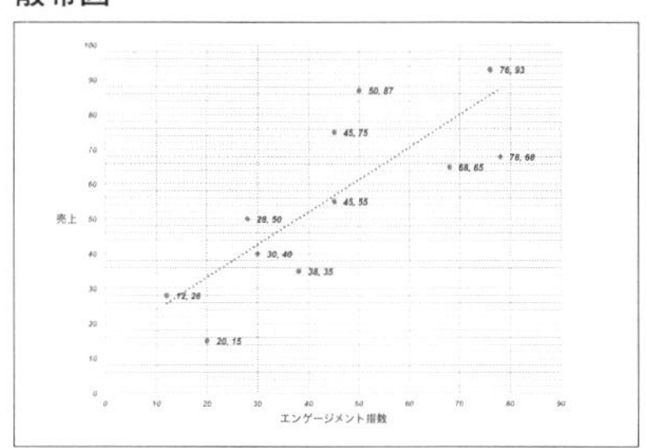

»主な統計解析

・相関分析

散布図によって、2つの変数間の関係を可視化することができるが、相関分析を行うことで、関係性の強さを数値で求めることができる。2変数間の直線的な関係性の強さを表す指標を「相関係数」といい、－1～1の間で表され、絶対値が1に近いほど、関係性が強いことを示している。

「年齢が上がると給与が増加する」、「適性検査の総合点が高いと人事評価も高くなる」など、一方が大きくなるともう一方も大きくなる関係にあることを「正の相関」があるといい、プラスの相関係数で表現される。「残業時間が長くなると従業員満足度が下がる」といったように、一方が大きくなるともう一方が小さくなる関係にある場合は「負の相関」があるといい、マイナスの相関係数で表現される。相関係数0は、相関がない（無相関）を意味しており、0に近いほど、関係性が薄いことを示している。

また、第3の変数（因子）が、2変数に対して影響を与えている場合、本来は相関がないにもかかわらず相関が出てしまうという「擬似相関」にも注意が必要である。例えば、肥満度を測るBMIと年収との間に相関が見られたとしても、年齢という第3の因子が影響している可能性もあり、疑似相関を疑うべきである。

加えて、相関分析では、因果関係まではわからないので、相関係数のみで関係性を判断することには注意が必要である。因果関係を明らかにしたい場合は、因果推論や計量経済学の手法を活用する必要がある。

このように、相関分析はシンプルでポピュラーな手法であるが、注意点も多い。散布図で可視化することでデータの状態を把握し、ビジネスのドメイン知識や、データを抽出した条件を理解したうえで、総合的に解釈することが求められる。

・統計的仮説検定

データに基づいて、仮説を検証し、仮説の真偽が合理的なものであるかを判断する方法を、「統計的仮説検定」と呼ぶ。集計や可視化によって、データサンプルの特徴や分布を把握することが可能になるが、それだけでは表現される平均や頻度の差が偶然現れたものなのか、それとも意味のあるものかはわからない。特に、人事データの分析においては、所属・属性・ハイパフォーマーといった切り口でデータを分割するとサンプルサイズが小さくなることもあるため、限られたサンプルに基づいて、仮説を検証することが必要になる。

・t 検定

t 検定（てぃーけんてい）は、ある 2 変数の平均値に差があるときに、それが偶然起こった差なのか、有意な差（統計的に意味のある差）なのかを確かめる手法である。例えば、ハイパフォーマーのアセスメントの特徴を知りたいときに、ハイパフォーマーとそれ以外の社員の各項目の平均点と比較し t 検定を行うことで、有意な差のある項目を明らかにすることが可能である。ハイパフォーマーを明らかにすることで、人材育成や、選抜時の人材要件の作成に活用することができる。

古典的な統計手法であり、実務でもアカデミックな論文等でも頻繁に使われる。

・χ 二乗検定

χ 二乗検定（かいじじょう・かいにじょうけんてい）は、2 つの変数間の集計（クロス集計）において、関連があるか否かを検定するもので、独立性の検定とも呼ばれる。

例えば、社内の事務職と技術職で、適性検査から得られたタイプ傾向に違いがあるかを調べたいときに、クロス集計表を作成し、実際の値と、期待値（割合として期待される理論値）の差をもとに検定を行うことで、関連性を確かめることができる。

4-3 統計・機械学習手法の活用

分析手法の体系は、各分野で多少異なるが、統計学の分野で、多くの変数の関連性を明確にする分析手法の総称を「多変量解析」と呼び、似たもの同士で分ける「要約・グルーピング手法」と、何かを予測する「予測手法」に大別される（図表4-1）。

さらに、目的や、使われる変数が量的変数（売上や点数などの連続的な数値）か、質的変数（ハイパフォーマーか否かといった1/0に分けられる値や、ラベルやカテゴリーデータなどの離散的な値）かによって細分化される。

どのような課題を解きたいかで、選択されるアプローチが変わるが、人事データ分析においては、アルゴリズムがブラックボックスで中身のわかりづらい手法よりも、解釈しやすく説明性の高い手法が好まれる傾向がある。

また、近年の人工知能（AI）ブームで、機械学習が注目を集めており、人事データ分析においても多用されている。機械学習は大きく、「教師あり学習」「教師なし学習」「強化学習」に分かれるが、主に教師あり学習が予測手法、教師なし学習が要約・グルーピング手法にあたる。

強化学習については、囲碁や将棋などのゲーム、ロボットアームやドローンの動作の制御等に活用されているが、人事領域での活用は現時点ではそれほど多くない。

›› 要約・グルーピング手法

要約・グルーピング手法は、似た者同士を集約し、データの構造や特徴を見つける場合に使われる。データに対して、評価得点やハイパフォーマーか否かといった正解となる教師データがなく、データそのものの隠れたパターンの抽出や、グルーピングを行うための分析に用いられる。

図表 4-1　要約・グルーピング手法と予測手法の特徴

要約・グルーピング手法	予測手法
似たもの同士で分ける	何かを予測する
今年の内定者は●●型が●●％	Aさんが活躍する可能性は●●％
複数の特徴をまとめて類型化する	過去データからモデルを作成し、 データを当てはめて予測する
データ要約・次元圧縮 分類・グルーピング 正解となる教師データが与えられていない	予測＋要因分析 正解となる教師データがある
クラスター分析 主成分分析 因子分析 多次元尺度構成法など	回帰分析 決定木 ランダムフォレスト 勾配ブースティング サポートベクターマシン ディープラーニング（深層学習）など

・クラスター分析

データサンプルの似たもの同士を同じグループにして、違うものを違うグループに分ける手法。

データを細分化して、意味のあるグループに分けることが狙いである。樹形図（デンドログラム）と呼ばれる作図を行い、階層的にグルーピン

樹形図（デンドログラム）

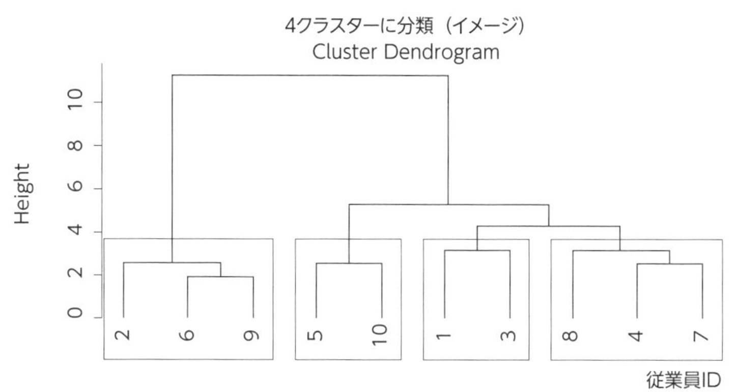

グする階層クラスター分析と、あらかじめ決めた数のクラスターにサンプルを分割する非階層クラスター分析（k-means法等）がよく使われる。クラスターの命名は平均値の値を確認して、自分で行う必要がある。

適性検査、スキル、アンケートデータ等から、タイプ分けを行うなど、汎用性が高く、採用領域から、人材ポートフォリオの把握、配属・配置、ハイパフォーマーの特徴分析など、幅広く活用される。

・主成分分析

複数のデータ項目を、新しい指標（合成変数）に要約する手法。適性検査の変数が多く次元を圧縮したい場合や、回帰分析の際に変数間の相関が強いとうまく分析できなくなる多重共線性問題を回避するために使われることが多い。主成分の意味の解釈は自分で行う必要がある。

平面上にサンプルをプロットする際には、第一主成分と第二主成分が軸としてよく使われる。

主成分分析

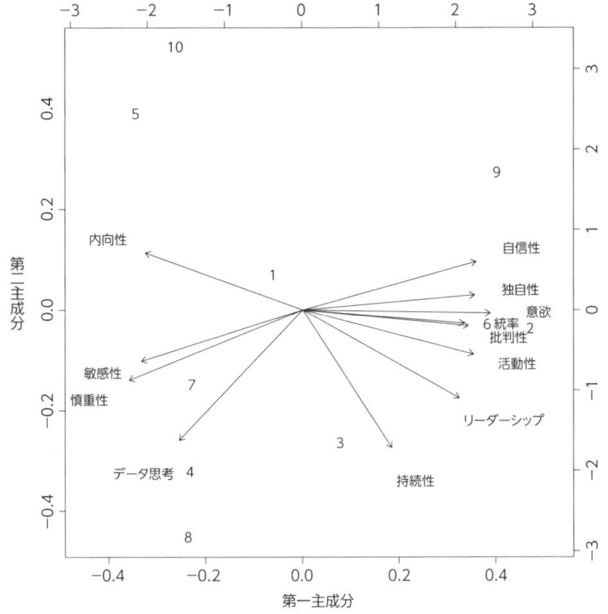

»予測手法

予測手法は、営業成績やイノベーター人材か否かといった教師データを学習して、入出力パターンのモデルを作成することで、新規データに対して予測や識別を行う場合に使われる。教師データが、量的変数の場合を「回帰問題」、カテゴリーや退職したか否かなどの質的変数の場合を「分類問題」といい、選択する手法も変わってくる。

図表 4-2　予測手法の概念図

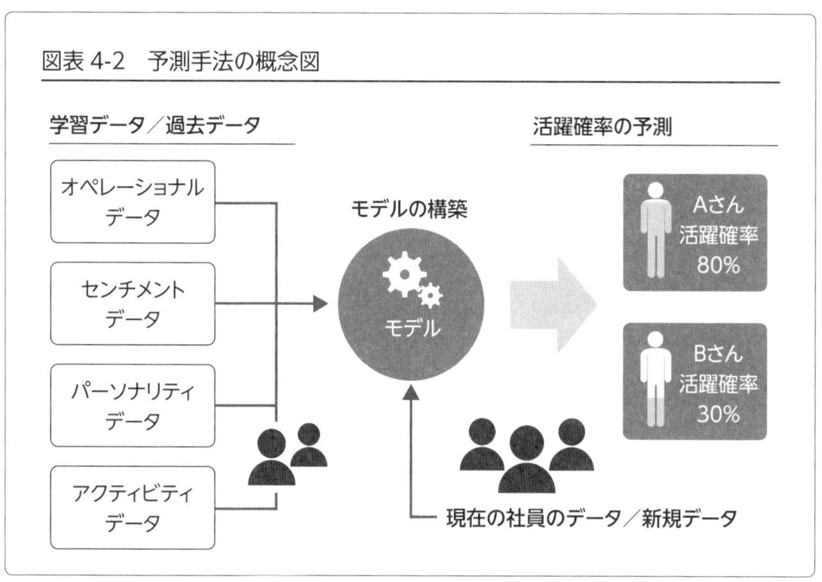

・線形回帰分析

線形回帰分析とは、目的変数（被説明変数、従属変数）と説明変数（独立変数、特徴量）の関係性を表すもっともらしい直線を求める手法のことである。説明変数から目的変数を予測する直線を求めることで、その直線の方程式をもとに、新たなデータに対しても予測値を算出することができるようになる。説明変数が1つの場合を「単回帰分析」といい、説明変数が複数ある場合は「重回帰分析」という。目的変数が数値で表される回帰問題を解く場合に活用される。

標準偏回帰係数という変数にかかる重みや、p値と呼ばれる確からしさの指標を見ることで、説明変数が目的変数に対してどの程度影響しているかを確認することができるため、予測だけではなく、変数の効き方や、要因を分析していくうえでも有効である。

変数間の相関が強い多重共線性が起こっている場合は、変数の取捨選択や、主成分による変数の要約などを行うことが推奨される。

・ロジスティック回帰分析

ロジスティックス回帰分析とは、目的変数を2値とする分類問題（2値分類）を解く手法で、予測結果を 判定確率（0～1の値）で出すことができる。目的変数が1となる確率を予測することができるので、例えば、従業員の活躍確率や、ロールモデル人材との類似傾向を明らかにしたい場合に活用可能である。線形回帰と同様、説明性が高いため、要因分析にも使われる。

ロジスティック回帰分析

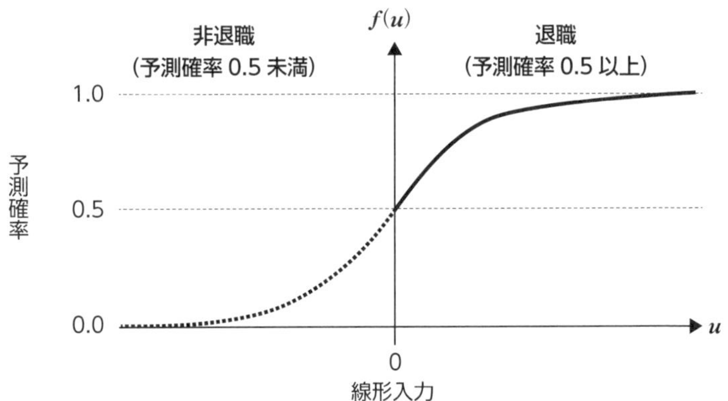

・決定木

決定木は、ツリー構造の条件分岐の繰り返しによって、予測を行うもので、人気の手法である。回帰問題を解く場合を「回帰木」、分類問題を解く場合を「分類木」と呼び、説明変数は質的変数と量的変数が混在していても利用可能である。分岐の条件がツリー構造で可視化されるため、解釈性・説明性が高く、要因分析にも多用される。データにもよるが、木が過剰に分岐することで、過学習（過剰適合）を起こしてしまい、未知のデータの予測精度（汎化性能）が低くなる場合もあるため、木の深さや数など適度な閾値（しきいち）を設けて、注意して活用する必要がある。

決定木

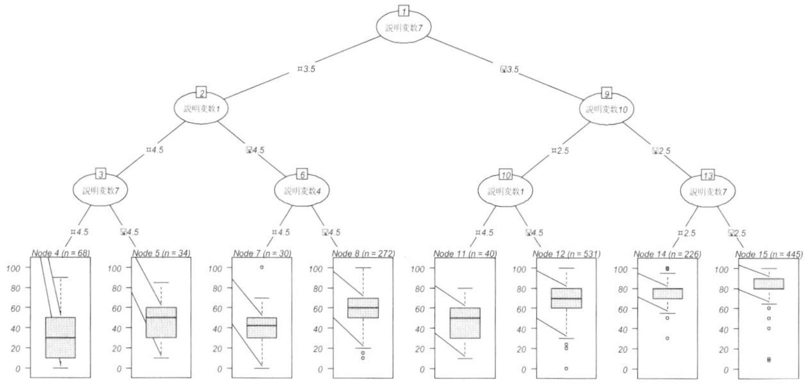

・ランダムフォレスト

ランダムフォレストという名前が示すとおり、複数の決定木を学習し、予測結果を多数決することによって、精度向上を図る手法である。決定木同様、回帰問題・分類問題のどちらも解くことができる。

一般に高性能で、変数の重要度を算出することもできるため、各変数の影響を確認したい場合にも有効である。ただし、サンプルをランダムサンプリングして複数の決定木を作るため、サンプルサイズが十分でない場合には適さないことが多い。

複数のモデルを学習する手法を「アンサンブル学習（集団学習）」と呼び、そのなかでも、データの一部を使って学習することを繰り返し、多数の独立した学習器を最後に結合させることを「バギング」というが、ランダムフォレストはその代表的な手法である。

ランダムフォレスト

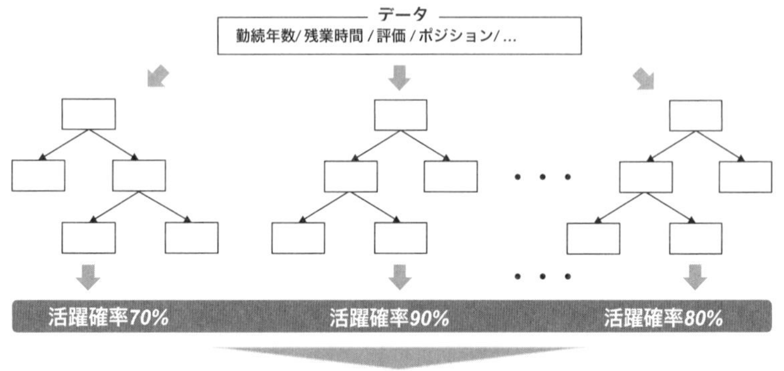

・**勾配ブースティング**

アンサンブル学習の中でも、データの一部を抽出して順番に学習させて組み合わせることで、性能の良いモデルの実現を図ることを「ブースティング」というが、勾配ブースティングはその代表的な手法である。

ランダムフォレストが、並列に学習したものを多数決するのに対し、勾配ブースティングは逐次的に学習させるもので、学習時間が長く、過

勾配ブースティング

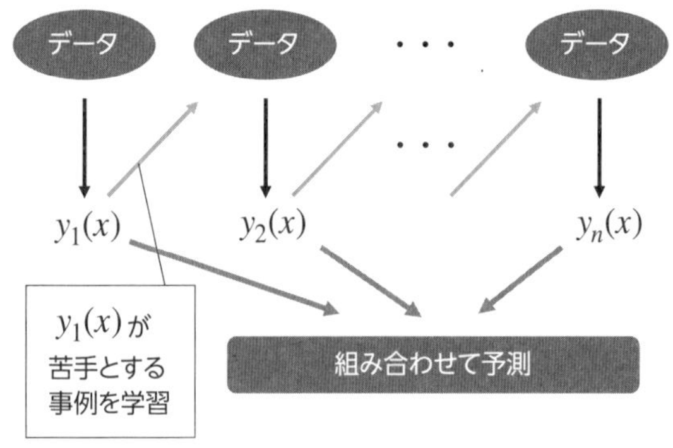

学習しやすい。いずれの手法にもいえることではあるが、性能の良い学習モデルを作るために、チューニングを行う必要がある。

予測精度をできるかぎり上げたい場合に使われることが多く、データ分析のコンペティションなどでも人気である。

›› 予測モデルの評価

予測モデルの性能の評価は、各手法や、回帰問題か分類問題かで異なる。AIのプロダクトにおいて、予測精度が○○％と表記されていることがあるが､それが何の指標で何を意味しているのかを理解することは、活用するかどうかの意思決定を行ううえで重要である。

回帰問題では､RMSE（Root Mean Square Error：平均平方二乗誤差）、MAE（Mean Absolute Error：平均絶対誤差）などの、予測値と実測値の誤差がどの程度かを測る指標がある。0に近いほど優れており、乖離しているほど精度が悪いことを示す。

また、決定係数というモデルの当てはまりの良さを表す指標もあり、0～1の間で1に近づくほど説明力が高くなる。

分類問題では、一般的に「混同行列」と呼ばれる、予測の分類と実際の分類を表形式で表し、正しくラベルが分類できたかを判定する方法がある。混同行列の集計値（真陰性、偽陽性、偽陰性、真陽性）をもとに、正解率、適合率、再現率、F値といった評価指標が算出できる。ただし、目的変数のラベルが不均衡なデータを学習した場合は､すべて「ポジティブ／ネガティブ」と予測しても正解率が高くなることがあるため、他の指標も確認するべきである。

①真陰性（TN：True Negative）

ネガティブ（非該当）と予測し、予測が正しかった（非該当）場合。

②偽陽性（FP：False Positive）

ポジティブ（該当）と予測し、予測が間違っていた（非該当）場合。第一種の誤りとも呼ばれる。

③偽陰性（FN：False Negative）

ネガティブ（非該当）と予測し、予測が間違っていた（該当）場合。第二種の誤りとも呼ばれる。

④真陽性（TP：True Positive）

ポジティブ（該当）と予測し、予測が正しかった（該当）場合。

図表 4-3-1　予測モデルの性能評価と混同行列（分割表）

混同行列（分割表）		予測値	
		非該当	該当
実測値	非該当	①	②
	該当	③	④

【凡例】
：予測が正解
：予測が不正解

図表 4-3-2　予測モデルの性能評価と混同行列（分割表）

指標	計算方法	意味	用途
正解率 (Accuracy)	$\frac{①+④}{①+②+③+④}$	すべての予測の中で、正しい予測の割合	—
適合率 (Precision)	$\frac{④}{②+④}$	該当と予測したものの中で、実際に該当であったものの割合	予測外での「該当」が増加しても、誤って「該当」と予測する場合を減少させたいときに重視する(ex.ECサイトの購入者予測等)
再現率 (Recall)	$\frac{④}{③+④}$	実際に該当であったものの中で、該当と予測したものの割合	誤って「該当」と予測する場合が増加しても、予測外での「該当」を減少させたい(“取りこぼし”を防ぎたい)ときに重視する(ex.ガン検診等)
F値	$\frac{2\times適合率\times再現率}{適合率+再現率}$	適合率と再現率の調和平均	適合率と再現率はトレードオフであるため、そのバランスを見る
偽陽性率 (FP割合)	$\frac{②}{①+②}$	実際に非該当であったものの中で、誤って該当と予測したものの割合	AUCの計算に用いる
AUC	横軸に偽陽性率・縦軸に再現率を取ってプロットするROC曲線の積分値	偽陽性率が低い段階で高い再現率を持つモデルか否かを数値化	全般的なモデル評価指標として用いる

予測結果に対して、何点以上をポジティブ、何点未満をネガティブとするかは、現場の方針によって決める必要がある。例えば、ハイパフォーマーの予測において、保守的に1%以上など低めのスコアをハイパフォーマーとすると、ハイパフォーマーと判断される該当者は増えるが、ハイパフォーマーでない人が含まれる割合も高くなり、適合率が下がる。一方、厳しめに、99%以上など高スコア以上をハイパフォーマーとすると、該当者が減り見逃しが増えるため再現率が低くなるが、ハイパフォーマーの割合が増え、適合率が高くなる。

予測確率のどこからポジティブにするかの閾値をずらしていったとき、偽陽性率（FP割合）を横軸に、真陽性率（TP割合）を縦に表現した曲線を「ROC曲線（Receiver Operating Characteristic Curve）」と呼ぶ。AUC（Area Under the Curve）は、その下側の面積で0～1の値をとり、1に近いほど性能が高くなり、予測モデルの性能の基準として活用される。完全にランダムに分類すると0.5の値をとり、0.5未満の値をとることは、ランダムより性能が悪いことを示す。

現場での方針や、どのように活用したいかを明確にしたうえで、正解率、適合率、再現率、F値、AUCなどを総合的に評価し、使えるモデルなのかを判断することが望ましい。

ROC曲線

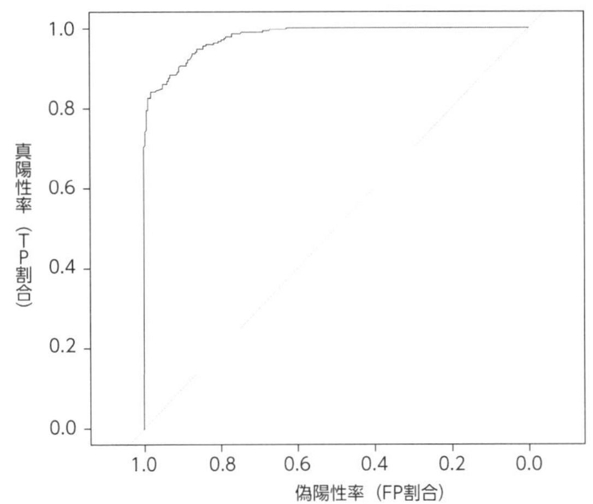

Column

複雑な構造を考慮した分析例

人事データを分析する際には、様々な複雑な事象を対象とすることが少なくない。例えば、図表4-4のような数段階にわたる因果関係の分析に関心を持たれることもあるのではなかろうか。

このような場合、共分散構造分析という方法を用いて分析を行うことができる。

図表 4-4　共分散構造分析のイメージ

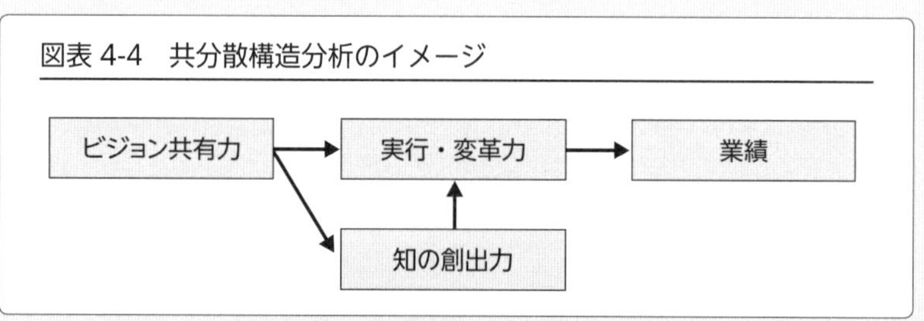

また、図表4-5左図の組織―個人のような階層を持ったデータの分析に関心を持たれることもあるのではなかろうか。

この場合には、階層線形モデリングという手法などを用いることができる。例えば、「労働時間が営業成績に与える影響」の分析を行う際に、それを図表4-5右図のように個人レベルと部門レベルに分解して検証することができる。

図表 4-5　階層性のあるデータと階層線形モデルのイメージ

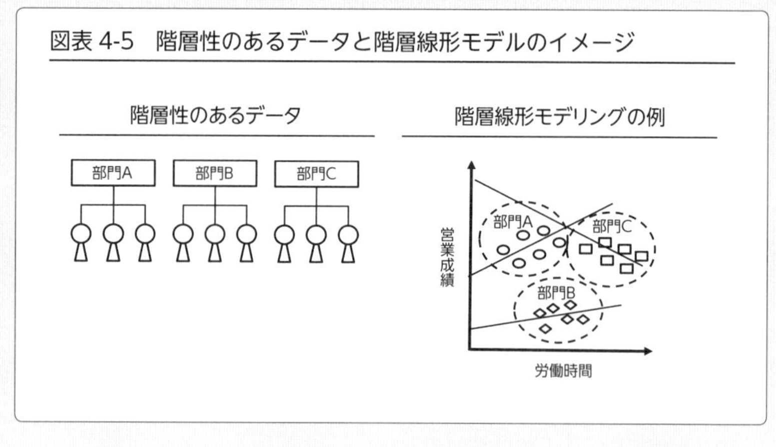

4-4 テキストデータの分析手法

一般的に、大量のデータから情報や知識を抽出することを「データマイニング」と呼ぶが、テキストデータ・言語データを解析することを「テキストマイニング」や「自然言語処理」と呼ぶ。

これまで説明してきたデータは数値などの定量データが中心であったが、社内外には有益な情報が含まれる定性的なデータが多数存在する。

特に、採用のエントリーシート、従業員の自己申告書、営業日報、退職理由コメント、WebやSNSでの会社の口コミなどのテキストデータからは、従業員のマインドやコンディション、採用市場における会社の評判など付加価値の高い情報が抽出可能である。的確に組織の問題を発見して予防を図り、人事課題を解決するためにも、定量データの分析に加えて、テキストマイニングを行うことは効果的である。

GUI（Graphical User Interface）ベースのテキストマイニングソフト（KH Coderなど）やWebサービス、形態素解析エンジンをインストールしたRやPythonの分析環境で、テキストマイニングを行うことが可能である。

形態素解析

テキストマイニングの一般的な方法として、文章を語の形態素に分解する形態素解析を行うことが多い。語を構成する最小の意味ある単位を「形態素」といい、文章を単語ごとに分割する作業を「分かち書き」という。英語などと違い、日本語は単語間に空白がないため、機械的な単語の認識が難しいが、日本語の形態素解析エンジンとして、MeCabやChaSen、JUMANなどがある。

形態素に分けたあとは、品詞ごとの「頻度集計」、同時に使われる単語を分析する「共起語分析」、単語のつながりを表した「ネットワーク分析」、単語の連鎖を明らかにする「N-gram分析」、形態素ベースで分類を行う「クラスター分析」など、目的に応じて分析を行う。

›› 頻度集計

形態素解析の結果をもとに、単語ごとに出現頻度を求めることができる。どのような単語が多く使われているかなどを、品詞でフィルタをかけるなどして、リスト化することで、大まかな文章の全体像を把握することができる。単語ごとに数値が得られるため、数値を活用して、集計や統計解析を行うことができるようになる。例えば、早期退職者は、過去のキャリアの希望のコメントにどのような単語を使う傾向があるかなどを明らかにし、配属・配置計画の参考にできる。

注意点として、いったん頻度ごとに単語をリスト化した後、重要な意味を持たない「動詞・助動詞・記号」などが、高い頻度で使われている場合は、特定の品詞のみの抽出や、テキスト辞書の編集を活用した修正等の前処理が必要となる。

また、「正規表現」と呼ばれる、文字列の中で条件を指定してパターンで表現する記述方法も使われることがある。前処理については、統計解

図表 4-6　形態素の頻度集計（名詞）

在職		退職	
特徴語	出現頻度	特徴語	出現頻度
駐在	473	環境	131
評価	462	仕事内容	99
業務内容	436	残業	91
案件	394	社会貢献	86
成果	359	上司	86
クライアント	354	海外	86
裁量	284	給与	83
管理	262	成長	78
新規	243	企業	75
やりがい	230	実施	75

析や機械学習などの分析同様、テキストマイニングにおいても必須である。

›› ワードクラウド

ワードクラウドは、形態素の頻度集計結果を可視化する方法である。出現頻度の高い単語が多く表示され、文章全体でどのような単語が使われているかを把握することができる。文字、色、字体などもカスタマイズすることができる。

エントリーシートの内容のワードクラウドによる可視化

›› 共起語分析

共起語は、特定の単語やキーワードと、関連性が強く、同時に出現する頻度が高い単語のことである。同時に使われる頻度に加えて、全体的に使われる単語なのか、特定の単語に限定して使われる単語なのかも考慮した、重要度（Jaccard 係数など）も算出することができる。同時に使われる頻度の高い単語同士を線でつないでネットワーク化する方法もあり（ネットワーク分析・共起ネットワーク）、内定者と不採用者、退職者と在職者といったカテゴリーで、どのように使われる単語が違うかといった形でも比較できる。

共起ネットワークイメージ
(テキストマイニングツールKH Coderによる可視化)

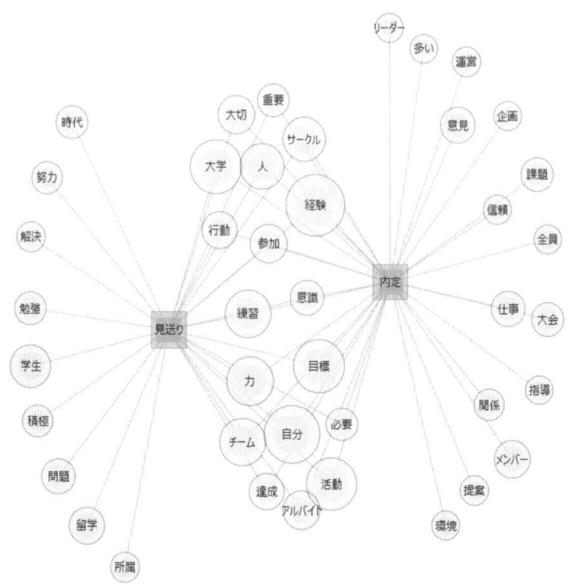

多用なテキストマイニングの方法

基本的なテキストマイニングの方法を紹介したが、分析アプローチは他にも多数あり、以下その一部を紹介する。

・N-gram：文字・要素の連鎖をベースとした分析。

・TF-IDF（Term Frequency - Inverse Document Frequency：出現頻度 – 逆文章頻度）：レアな単語に高い値をつけ、全体的によく出現する単語に低い値をつける方法。

・潜在的意味解析：文章に出てくる単語行列（bag-of-words）を、潜在的な意味ベースに分類する方法。トピックモデルという単語の出現確率を使ったカテゴライズ方法などがある。

・Word2vec：大量のテキストをもとに、単語をベクトルとして扱い、距離や関係性を活用して単語の意味を明らかにする方法。

その他、深層学習を用いた手法など様々な技術が考案されており、翻訳や、AIチャットなどに活用されている。

4-5 データ分析における基本的な手順

データ分析の流れ

データ分析というと、ここまで紹介した統計解析や機械学習を行うことと考えられることも少なくない。しかし、実際には、統計解析等を適用できるようにデータを整理すること、また統計解析等で得られた知見・発見を活用することまでの一連の流れがデータ分析である。データ分析の大まかな流れは、図表 4-7 のとおりである。

図表 4-7　データ分析の流れ

手順	行うことの概要
①目的・計画の策定	・何を実現するために分析を行うのかを明らかにする ・実現のために、どのようなアウトプットが必要なのかを明らかにする ・実現には、どの程度のリソースが利用可能なのかを明らかにする
②必要なデータの洗い出し	・分析のために必要なデータを明らかにする ・データのイメージを具体化する
③データの収集	・利用目的に対する同意を得る ・すでに蓄積されているデータを収集する ・新たなデータを取得する
④データの前処理	・データのクリーニング、クレンジングを行う ・複数のソースから収集・取得したデータを統合する
⑤データの可視化	・度数分布や散布図でデータの内容を確認する
⑥統計解析や機械学習の実施	・必要なアウトプットとデータの性質に合わせて、適切な統計解析や機械学習などを行う
⑦分析結果を元にした意思決定	・分析結果を解釈する ・分析結果の活用方法を決定する
⑧施策の展開	・分析結果を現場に共有する ・分析結果をもとにした施策を現場に展開する

»手順1：目的・計画の策定

まず、

・何を実現したいのか

・そのために、どのようなアクションをとるのか

・データ分析が、そのアクションにどのように貢献するのか

以上を具体化することが第一歩であり、最も大切なことである。なぜならば、それが行われていなければ、いくら複雑で精緻な統計解析や機械学習を行ったとしても、その結果が無駄になりかねない。

例えば、「採用活動の費用対効果を上げる」という目的に対して、どのようなアクションが考えられるだろうか。

「採用する人材において、より自社にマッチし、活躍する人材の割合を増やす」というアクションも考えられれば、「採用母集団形成のためのコストを削減する」というアクションも考えられる。前者であれば、ハイパフォーマー分析を行う、あるいは面接者の評価精度の分析を行うことなどが候補となる。また、後者であれば募集経路や媒体ごとのコンバージョン分析を行うことなどが候補になる。

しかし、例えば、「斡旋経由のほうが、自社に適した人材と出会える確率は高い。しかし、予算の成約があり、大幅に斡旋経由を増やすことができない」ということであれば、現実的には採用経路の見直しや切り替えをすることができない。よって、分析の結果からわかった事実をもとに、アクションを取れるか否か、事前にリソースの確認をしておくことを欠かさないようにしたい。

また、アクションを起こすために、いつまでにアウトプットが必要かという時間的な制約、また分析のためにかけられる工数や予算の制約についても、事前に見積もりをつけておくことによって、「計画倒れ」にならないように留意することも必要である。

›› 手順2：必要なデータの洗い出し

分析の目的・計画を策定した後に、分析にどのようなデータを用いるのかを洗い出す。それによって、実行可能な分析であるのかが、より具体化される。

例えば、入社後に活躍する人材の特徴を把握するためには、「入社後の活躍状況を表すデータ」と「人材の特徴を表すデータ」が必要になる。この際、目的・計画に合わせ、データのイメージをより具体化していくことが欠かせない。

「入社後の活躍状況」であれば、「業績評価」「人事考課」「多面評価」などが利用可能なデータの候補となる。また、「人材の特徴を表すデータ」については、入社前に取得するもので、かつ人材の特徴を表すデータである必要がある。よって、採用時に実施する「適性検査」「エントリーシート」などが利用可能なデータの候補となる。

なお、データのイメージを具体化することによって、分析の実現可能性の見積もりができることも少なくない。例えば、「入社5年目までは、人事考課に差がほとんどない」という企業であれば、それを用いた活躍予測は難しい。その場合、他のデータを探索する、あるいは分析を見送るという判断がこの段階でできる。

なお、図表4-8のように、入社後の活躍など、予測の対象となる事象を表すデータは「目的変数」といわれる。また、人物特徴を表すデータなど、予測に用いるデータは「説明変数」といわれる。特に、回帰分析や機械学習により、予測や分類を行う際には、この用語が使われること

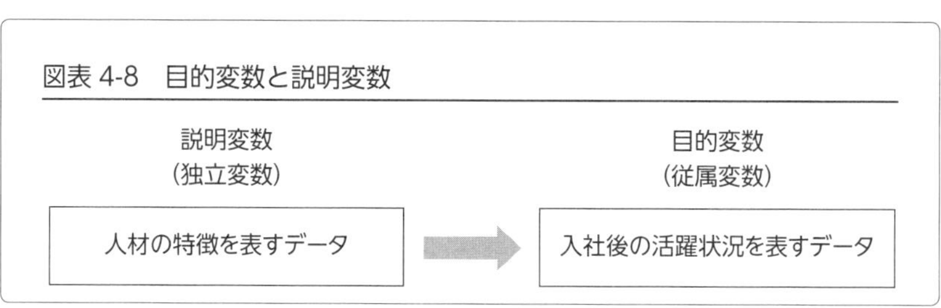

が多いので、ぜひ覚えておいていただきたい。

手順3：データの収集

例えば、「入社後の評価データは、人事企画部で保管」「入社時の適性検査やエントリーシートは採用部で保管」のように、それぞれ業務を担当する部門でデータが保管されていることは少なくない。仮に、従業員の社内メールのやりとりで、社内のコミュニケーションの核となる人材を抽出するような分析を行う場合であれば、情報システム部にデータの抽出や加工を依頼しなくてはならないかもしれない。

このように、目的とする分析を行うためには、異なるデータソースに蓄積されているデータを収集しなくてはならないことが多い。その際、必要なデータを具体化しておくことで、部門間でのデータのやり取りがスムースになる。マッチングのために必要なキーが何かなど、事前に定義することを欠かさないようにするなど、手戻りが起こらないように留意したい。

また、「活躍状況を表すデータとして、人事考課は妥当ではない」という場合であれば、上長に部下の活躍度のアンケートを新たに実施することも考えられる。その場合、目的とする分析のアウトプットが必要な時期、現場の負担などを考え、適切な期間を設けて新たなデータ収集に臨む必要がある。

なお、「データがある＝データを使ってよい」ということとはならない。それぞれの施策において、従業員に人事データの活用について、どのような許諾を得ているかを確認することも併せて行うことが必要である。目的を実現するための許諾が取れていない場合、それらの許諾は必ず取得するようにする。

手順4：データの前処理

収集したデータは、残念ながら、すぐに統計解析や機械学習を行える状態にないことも多い。

例えば、個人の属性情報１つをとっても、同一のシート内で部署名に全角と半角が混在している、保管されている数字が文字列として定義されているものと数値として定義されているものが混在しているなど、表記ゆれなどがあったりする。これらを整えなくては、正しい集計は行えず、複数のソースから収集したデータのマッチングもできない。

また、数値データにおいて無回答のみ文字で登録されている、あるいは無回答が0として登録されているなど、様々なイレギュラーもある。Excelの関数を利用した際、予期せぬ値が挿入されていることもある。

評価データであれば、評価制度の変更により、年度により異なる定義の評価記号が使われていることもある。複数年の評価を累積して使用するのであれば、切り替え前後の対応表などに基づき、年度間の評価記号の統一を行わなくてはならない。

よって、収集したデータの全体を見渡し、データの修正・加工の方針を定め、それに基づいた修正・加工を行わなくてはならない。このようなデータの修正・加工は、「クリーニング」や「クレンジング」といわれる。組織名称を例に取れば、全角・半角の混在のほか、略称の利用有無など、様々な不一致のケースがあるので、様々なソースから得られたデータを先に見渡すことで、より効率的な修正・加工の方針が検討できるため、いきなり作業に着手しないことをおすすめする。また、様々なソースから収集したデータのミスマッチを減らすためには、事前にそれぞれのデータのクリーニングやクレンジングを行ったほうが望ましいと考えられる。

データの前処理は、地道で時間のかかる作業である。一方で、なるべく多くのデータを有効に、また正しく利用するためには欠かせない手順であるため、細心の注意をもって当たる必要がある。

›› 手順5：データの可視化

データの前処理が完了した後、それぞれのデータの基本的な特徴を捉えることで、前処理が適切にできているかが確認できるとともに、より適切に統計解析や機械学習を行うための準備を行うことができる。

例えば、図表4-9のような度数分布表を確認することで、得点のレンジと、各得点に該当する人数を確認することができる。得点として、本来現れるはずのない数値が出現した場合、前処理が適切に行われていないということなので、再度データの前処理に戻る必要がある。また、特定の得点にしか人が出現していない場合は、ばらつきがないデータであり、分析には用いることができないかもしれない。

図表 4-9　度数分布表の例

得点	度数（単位：人）
1	10
2	25
3	54
4	20
5	16

2つの変数の間の関係であれば、散布図を描くことで、両者の関係を確認できる。線形の関係だと思っていたものが、非線形の関係であった場合など、一方の変数を変換するなど、さらなる前処理が必要になるケースもある。

用いる変数が多い場合、この手順が省略されがちであるが、ぜひ欠かさないようにしていただきたい。

›› 手順6：統計解析や機械学習の実施

ここまでのプロセスを経て、統計解析や機械学習という「分析」を行う。変数の性質によって、用いる分析方法が変わってくるので、変数の性質を把握し、適切な手法を選択することが必要である。例えば、前述のように、回帰分析であれば、目的変数が量的変数であれば線形回帰分析を行うが、0/1の2値であればロジスティック回帰分析を用いる。

統計解析や機械学習の手法は多岐にわたるため、すべてについて詳細に理解をすることは、特に人事をバックグラウンドとする担当者にとっては現実的ではないかもしれない。

よって、統計解析や機械学習の専門家とコラボレーションをする、あるいは対話のベースとなる最低限の知識を身につけるなど、各社の状態や個人の特徴に応じた工夫をぜひしていただきたい。

›› 手順7：分析結果をもとにした意思決定

分析が終わった後、「活躍度合いを、人物特徴からどの程度予測できるのか」という予測精度の確認、「活躍度の予測には、どのような変数が、どの程度影響しているのか」というモデルの構造の確認等を行う。予測の精度が高く、かつ、「営業職の活躍には、活動的な傾向がプラスに影響している」のようにモデルの納得感も高ければ、予測結果に基づいて採用の優先順位付けを行うなどのアクションが取られる。

一方、予測の精度が低い場合、その予測モデルを用いるか、精度向上のためにモデルを再設計するか、あるいは予測を諦めるかなど、その後の方針を定める必要がある。

また、「営業職の活躍には、活動的な傾向がマイナスに影響している」のような一見理解が難しい結果が得られた場合、その予測モデルを用いるべきか、検討が必要になる。例えば、「自社の営業は、どちらかというと少数のお客様とじっくり向き合う性質」ということであれば、活動的な傾向がマイナスの影響をしている（あるいは、活動的過ぎないほうがよい）ことが妥当であるかもしれない。あるいは、たまたまデータに外れ値が混入しており、そのデータを除けばプラスの影響が確認されるかもしれない。

「統計解析や機械学習の結果は、データに基づいたものであり、客観的で正しい」と考えられがちであるが、上記のように落とし穴や、データだけからはわからないことも少なくない。よって、分析結果については慎重に確認するとともに、必要に応じて自らの持つ知識や経験を総動員して解釈することが必要である。

そのうえで、統計解析や機械学習の結果を活用するか否か、また活用するとしたらどのように活用するのかを決定しなくてはならない。「データは諸刃の剣」であることを忘れないようにしたい。

›› 手順８：施策の展開

施策の展開は、あらゆる分析のゴールである。例えば、活躍者予測であれば、予測結果を採用の優先順位付けに用いる、あるいは採用要件を見直すなどのアクションを取ってこそ、「分析の完成」である。

しかし、ある程度人事の内部で完結する施策以外であれば、現場の協力を引き出すことが不可欠である。例えば、従業員意識調査をもとにした組織風土改革などでは、現場の協力なくして、その改革は終わらない。すなわち、「現場を巻き込んで、はじめて完成する分析」もある。

よって、単に施策を提示・展開するだけでなく、「統計解析等を通じて、何がわかったのか。そして、それに基づいて、どのような手を打つのか」をセットで伝えることが求められる場面も多い。

これは、その後の様々な人事データ活用のため現場のコミットメント醸成にもつながる取り組みであり、ぜひ、それぞれの組織において適切な方法をご検討いただきたい。

›› 分析をすすめるうえでの留意点

手順１で策定した目的・計画のとおり分析が進めばすばらしいことであるが、実際に分析を進めるうちに、データの制約、データの可視化、統計解析等から見えてきた傾向で、それらの目的・計画が変わることも少なくない。その場合は、自社にとって必要なことであれば、目的や計画を変えることは、決して悪いことではない。

よって、「目的・計画どおりに進めること」にとらわれ、手段が目的化してしまうようなことは、ぜひ避けるべきである。

4-6 相関と因果の違い

因果を捉えることが大切

課題や問題の解決のためには、「原因となっている事象に手を打つ」ことが必要である。例えば、「原因：事務作業にかかる時間が多い」ために、「結果：長時間労働になる」のであれば、労働時間削減のために、無駄な事務作業を削減することで、その目的を達成することができる。

一方、「原因：長時間労働になる」ために、「結果：事務作業にかかる時間が多い」と考え、労働時間を削減しても、無駄な事務作業にかかる時間は削減されないだろう。

このように、目的とする施策の成果を出すためには、「原因と結果」、すなわち「因果」について、正しく理解する必要がある。しかし、しばしば「因果」と「相関」は混同される。よってここでは、改めて因果と相関の違いについて確認したい。

なお、「相関がある」とは、2つの事象の間に関係があることである。よって、相関があることは、因果があることの前提となるが、次ページの図表4-10のように、関係にも様々なパターンがある。

因果の基本は時間軸

因果について最も基本的となることは、「原因が、結果に先行する」ことである。よって、例えば、「処遇の高低が、満足度の高低に影響する」のか、「満足度の高低が、処遇の高低に影響する」のか、いずれがもっともらしいと考えられるのかを検討することが第1ステップである。人事領域では、因果の方向がいずれも成り立ちうると考えられるケースも少なくない。

仮に、「処遇の高低が、満足度の高低に影響する」という仮説を検証するのであれば、t時点の処遇のデータと、t+1時点の満足度のデータ

図表 4-10　様々な相関のパターン

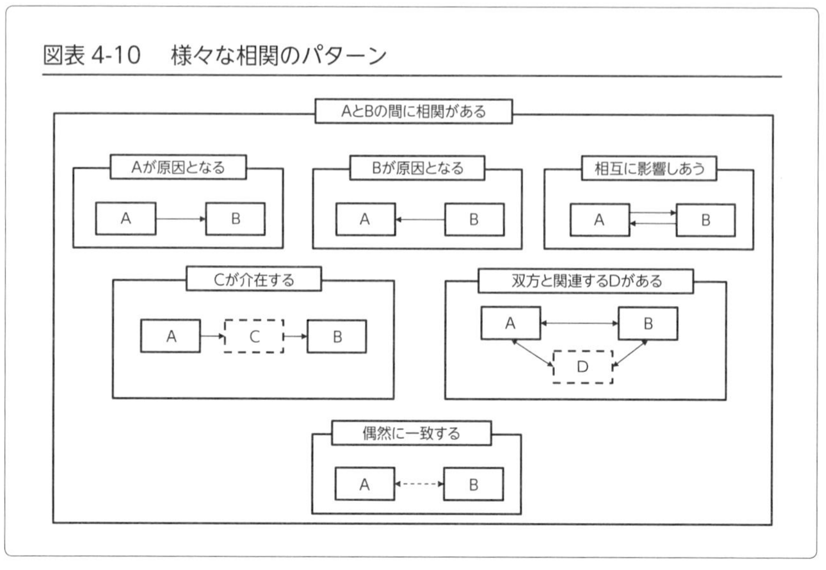

を取得し、両者の関係を確認する。逆である場合は、「満足度の高低が、処遇の高低に影響する」という仮説を検証することになってしまうので、データの取り扱いについても注意を要する。もちろん、取得できるデータや事象のメカニズムの制約で、「仮説とデータの時間軸の逆転」や「同時点のデータしか取得できない」ことは少なくない。

また、因果関係を正しく検証するためには、ランダム化比較試験など、厳密な手続きが求められる。しかし、実務上でそのようなことを行うことは難しいことも多い。その場合、先行研究などを参考にする手もあるが、そこまで手が回らないこともあるかもしれない。よって、安易に因果関係としての解釈をせずに、「その因果は、妥当なものか」を冷静に考えることからスタートしてほしい。

間接的な影響のパターン

図表 4-10 の「C が介在する」の例は、「従業員満足→顧客満足→売上」のようなパターンである。この場合、従業員満足と売上の間に相関が見られるかもしれないが、それぞれとより相関が高い「顧客満足」という

変数が存在するかもしれない。

もし、「顧客満足」の存在に気がつかなければ、売上を上げるために従業員満足の向上のみに注力し、なかなか目的を達成することができないという問題に直面するかもしれない。このように、「変えたいもの・こと」につながる事象の連鎖について考察し、必要な検証を重ねることが欠かせない。

›› 共通する要因があるパターン

例えば、「血圧と所得の間に相関が見られた」とした場合、「血圧が高くなれば、所得が高くなる」と考えるだろうか。おそらく、そのように考える人は少ないだろう。

この例の場合、「血圧と年齢は関係がある。年齢と所得も関係がある。よって、血圧と所得に関係がある」のように、「年齢という要因によって、見かけ上、血圧と所得の間に相関が生じる」と考えるほうが妥当そうである。このように、他の変数とそれぞれが関係しているため、分析対象となる変数の間に相関が表れるケースがある。これらは、「第３の変数による相関」といわれる。

また、「身長と所得に相関がある」というデータが確認されるかもしれない。この場合、男性と女性で職種系統や年齢により所得差があり、結果として相関が観察されているかもしれない。

逆に、「層別による相関」が見られるケースもある。データの性質をよく把握し、思わぬ誤りをしないようにご留意いただきたい。

›› 実務上の留意点

この他、大量のデータを分析した場合、全く関係がないデータ同士の間に「偶然の相関」が観察されることもある。よって、相関であれ、因果であれ、先述のとおり、「なぜ、そのようなことが考えられるのか」について、考察することが不可欠である。

誤った相関、因果の解釈により、効果のない施策、あるいはマイナスの施策につながらないよう、十分に留意が必要だ。

Column

エビデンスの強さ

因果関係の分析のためには、様々な手法が用いられる。このとき、どのような手法を用いられるかによって、エビデンス（根拠）としての確からしさが異なるとされている。

例えば、手元にあるアンケートのデータをもとに、「研修へのレディネスが、研修効果に与える影響」を回帰分析で検証するとする。この場合、厳密にはレディネス以外の要因が統制されていないことが多い。結果として、エビデンスとしてのレベルが低くとどまることになることが少なくない。

一方、より条件を統制していくほど、因果関係を厳密に検証できるため、実験的な方法のエビデンスレベルは高いとされる。さらに、複数の研究や分析の結果を統合することによって偶然性の影響を小さくするメタ・アナリシスという手法があり、このエビデンスレベルが最も高いとされている。

様々な人事に関する研究を参照する際などに、エビデンスレベルについても合わせて確認いただければと思う。

図表 4-5　エビデンスレベルと研究方法

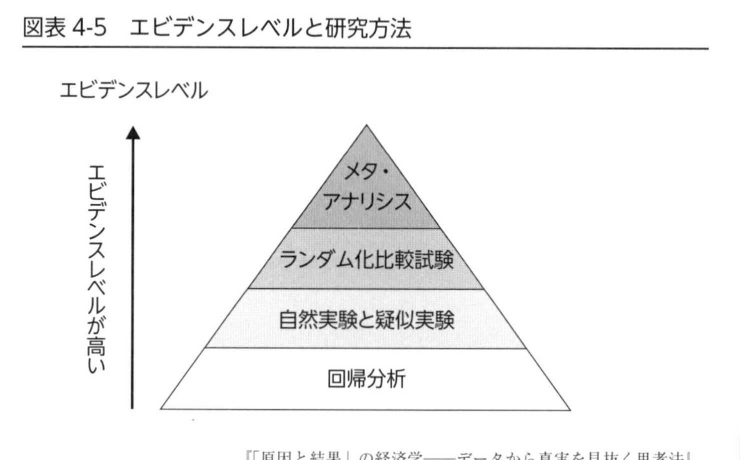

『「原因と結果」の経済学――データから真実を見抜く思考法』（中室牧子、津川友介 著、ダイヤモンド社、2017年）をもとに著者作成

4-7 簡単にできる分析の技法

行いやすいアクション、取り扱いやすいデータから

解決すべき人事課題は多く、また動的データなどを加えると利用できる人事データも多い。しかし、自社の人事データの質や量を見極めることなく、複雑なチャレンジをした結果、大きな失敗をしてしまうリスクもある。

よって、人事データの質や量を見極め、自社における人事データの活用を見極めるためにも、まずはシンプルな課題に対して、シンプルな分析を行うことを推奨する。それにより、分析の肌感覚を持っていただきたい。また､小さなものでも成功体験を積むことで､組織内での人事データの活用に対する信頼を得るきっかけとしていただければと思う。

そこで、ここでは、これから人事データの活用をスタートしようと考えられている方向けに､「アクションが行いやすく、取り扱いやすいデータをもとにしてできる分析」をご紹介する。

分析の基本は「分けて、見る」

「データ分析における基本的な手順」でも示したとおり、「データの可視化」は重要であり、それだけで得られる発見は多い。

例えば、月間労働時間について、「全社の月間平均労働時間」のように平均の推移しか確認していないと、「全体的に、月間の労働時間が短くなっている」と考えることになるかもしれない。

しかし、月間労働時間を、「140時間以上150時間未満」「150時間以上160時間未満」のような10時間ごとのセグメントに分けてみると、新たな事実が浮かび上がることがある。例えば、前年の月間労働時間が「160時間以上170時間未満」のような中程度の層では労働時間が短くなっているものの、「190時間以上200時間未満」のような長時間の層

では労働時間が短くなっていないということが確認されるかもしれない。いずれの事実を把握するかにより、労働時間削減の施策の方向性も変わってくる。

このように、1つの変数を「分けて、見る」だけでも発見できることがあり、それによって対象とするターゲットの見極めのヒントとなりえる。

また、満足度調査などであれば、入社経路、入社時期、職種などのセグメントに分け、各セグメントの満足度を確認することで、特に満足度が低い層を発見することができ、施策の対象や、その内容を細かに吟味することができる。このように、「他の変数をもとに、分けて、見る」ことでも、様々なヒントが得られる。

「組み合わせて、見る」

満足度をセグメント別に集計することは、「満足度とセグメントを、組み合わせて、見る」ということともいえる。このように、複数の変数を組み合わせて見ることで、様々な分析ができる。

例えば、従業員意識調査の中で、「満足度」と「満足度に影響を与える要因」の双方を尋ねているのであれば、両者の相関を確認するだけでも、新たな発見が得られる。

また、労働時間と満足度の関係を分析したり、管理職のもとに所属するメンバーの数と満足度の関係を分析することで適正な管理スパンの参考情報を得たりすることもできる。

なお、例えば時間と満足度、管理スパンと満足度などは、必ずしも線形の関係とは限らない。説明変数側をビニング（例えば、月間労働時間を10時間毎のカテゴリーに分けるなど、連続値を任意の区分で離散値として扱うこと）するなど、非線形な関係を確認する方法もあるが、その前に、変数同士の関係を散布図で確認することもおすすめしたい。線形の関係の強さを示す相関係数を確認するだけでは見落としてしまう発見ができることも少なくない。

「時系列で見る」

パルス・サーベイの例のように、「時系列で見る」ことも有効な手法である。もともと、サーベイに対して、肯定的に回答しやすい人、しにくい人がいるので、一時点では、回答者のコンディションが把握しづらいこともある。時系列で見ることで、「回答の肯定度が低下していれば、ベースラインの心的状態にかかわらず、コンディションが悪化している」と考え、該当する回答者へのフォローのアクションを行うことにつなげられる。

このように、「時系列で見る」ということも、簡単であり、かつ、効果的なアクションにつなげうる分析である。

活躍者分析の一歩目

比較的よく行われる分析として、活躍者分析がある。例えば、採用時の見極めの基準の設計、昇格基準の設計、あるいはコンピテンシーの抽出など、その応用場面は多岐にわたる。

このような活躍者分析は、目的変数として活躍状況を表す変数、説明変数として活躍の要因となる変数を用いることによって実現ができる。例えば、考課などのオペレーションデータと、適性検査などアセスメントデータを用いれば、一歩目の分析ができる。

目的変数が「活躍／非活躍」のような質的変数であれば、t検定を用いることによって、両群で差がある適性や行動特徴を確認できる。あるいは、目的変数が目標達成率のような量的変数とすれば、それと適性や行動特徴の相関係数を算出することで、両者の関係を確認することができる。

それにより、活躍状況と適性や行動特徴の間に関係性が見られれば、その適性や行動特徴を高業績者の特徴と考え、コンピテンシーの設計につなげることができる。

また、これらの分析により活躍度の予測の可能性の見極めを行った後、回帰分析や、機械学習による活躍予測を行うこともできる。

4-8 分析者としての心得

物事を説明するときに、複雑さを排除した単純な理論のほうがよいという「オッカムの剃刀（かみそり）」という方法論があるが、データ分析においても有効である。多様な人事データを組み合わせて、複雑な仮定や条件のもとで難易度の高い分析を行うと、解釈が難しい結果が導かれる場合がある。分析に潜む落とし穴にはまらないためにも、何を知りたいかを明らかにしたうえで、仮説を設定し、シンプルな分析から始めることが推奨される。

まずは、手元にあるデータからでも、分析をスタートし、次のステップを検討する際には、場合によっては外部の専門家の活用を検討することも有効だ。

先述したとおり、分析はあくまで手段であり、目的ではない。適切なデータ活用・データ分析は、人事課題を解決し、企業経営に貢献し、従業員のエンゲージメントを高める強力なツールとなる。

どんなデータで、何の傾向を把握・予測し、結果を何に活用するかを意識しながら分析を進めることが重要である。

第 5 章

データ分析の実務

5-1 ピープルアナリティクスの導入時に考えるべきこと

本章では、ピープルアナリティクスを導入する際、どのような手順で進めればよいか、実務上のコツについて説明をする。

5つの課題と対策

ピープルアナリティクスはマーケティングアナリティクスなどと比べ、5つの点で課題があり、難易度が高い。

図表 5-1　ピープルアナリティクス 5 つの課題

	Marketing Analytics	People Analytics
1. 改善指標	売上など、はっきりしている	人のパフォーマンスなど測定、定義が難しいものがある
2. 施策検証	商材・施策にもよるが、比較的短いものが多い	効果が出るまでに時間のかかるものも多い
3. データ	製品、価格、広告、流通など比較的データが整備されているものが多い	様々なシステムのデータが未整備。人力による運用のものが多い。施策、アクション、スキルデータなどが少ない
4. セキュリティ	事業部単位であれば、比較的共有可能なデータが多い	一部の人にしか開示できないものが多く、管理運用コストがかかる
5. 人材	比較的豊富	人材が少ない

(1) 分析の目標とする改善指標がはっきりしないこと、人のパフォーマンスなど測定や定義が難しいものが多いこと

売上などは定量的に把握しやすいが、従業員のパフォーマンスは数値化しやすいものとそうでないものがあるため、測定しにくいことがある。

そこで、ピープルアナリティクスにおける改善指標設計では、

①定量化できないものは無理に定量化しない
②人の評価など評価者のバイアスが含まれるものはバイアスがあることを前提に使用する
③複数指標（業務評価、行動評価、360度評価など）からパフォーマンスを測定する

といったことに留意する。

(2) 施策の検証が困難

まず、施策を実施してからの検証時間が長いこと、そして実際にデータドリブンに意思決定をしたことがよかったかどうかを検証するのに時間を要する。

例えば、年1回の採用施策のための分析であれば検証は1年ごとになり、マネジメント改善のための分析であれば施策を行って効果が出るまで数か月から半年は要することが多い。

よって、少なくとも1年ほどの長期スパンでの取り組みが必要となる。これには、経営層の中長期的な視点でプロジェクトを進めるというコミットが前提となる。

また、厳密な施策検証のために、人事施策はある群には行い、ある群には行わないというABテストを行ったりすることや、選択バイアスを回避するために、入社していない人のデータを入手して分析することは、実務上難易度が高い。施策検証する際には、それらのバイアスを含んだうえでの分析であるという認識が必要となる。

(3) 様々なデータが未整備であること

ヤフーは、データが未整備な状況を人事データの三大疾病「ばらばら病」「ぐちゃぐちゃ病」「まちまち病」と例えている。「ばらばら病」とはシステムによって従業員番号が異なり、様々なデータを簡単に結合できないこと、「ぐちゃぐちゃ病」とは手作業で各種データを運用しているため、間違いが頻発していたりすること、「まちまち病」とはシステムの制約から各人事データが直近分しかなく、過去に遡求しようとして

もできないことや、連続して同じサーベイデータを取っていないなどのことだ。

これらを解決するには、データの前処理に時間と費用をかけることが必要になる。

(4) 秘匿性の高いデータが多く、一部の人にしか提示できないこと

そもそものデータベースを他のデータと切り分ける、権限管理を細かく部署や人別に設定をするなど、運用する管理コストが高くなる。

(5) ピープルアナリティクスを行っている人材が少ない

データ分析に興味がある人材は、整備されたビッグデータ分析を好む傾向があり、人事データのような様々なバイアスが含まれた未整備のデータを分析するのは避けたいとして、その業務に携わりたがらない。

また、データサイエンティストやエンジニアは最先端の技術には興味を示すが、人事業務への関心は弱い。そこで、人事関連の知識の習得や、チームとしてピープルアナリティクスを行っていく意識醸成が必要になってくる。

›› ピープルアナリティクス実施の目的

そもそも、ピープルアナリティクスを実施することでどんなメリットが得られるのだろうか。そのことをよく吟味したうえで、実施の目的を明確にする。

一般的に言われているピープルアナリティクスのメリットは大きく3つある。

(1) データの可視化などによるデータという共通言語を作ることで、各部署が一貫した施策を行えたり、リソースを効率的に使うことができるようになる

例えば、最近、優秀な営業マンが退職していく傾向があるという課題を想定しよう。課題がデータによって可視化されなければ、営業部は人事の採用が悪い、人事は営業部のマネジメントが悪いと責任のなすり合いをしかねない。

そこで退職者分析をし、採用する人材の傾向は変わらず、仕事や上司とのコミュニケーションの満足度やエンゲージメントが低い従業員ほど退職しがちであり、売上毀損につながっていることがデータで検証できれば、マネジメント改善や配置転換でエンゲージメントを上げる施策が取れ、それを各部署が連携できるようになる。

採用が問題でないことがわかれば、無駄に採用チームのオペレーションを変えるリソースを使うこともない。よって、組織間でリソースを効率的に使うことができることになる。

(2) クロス集計、統計解析などによって課題の要因把握をし、施策の精度を上げられるようにできたり、予測モデルの構築によって、ある課題に対して事前に行動できるようになる

(3) 見える化や施策の自動化によるコスト削減ができるようになる

例えば、人事部門は働き方改革関連法の施行に合わせて、労務管理上勤怠データのモニタリングをし、問題がある部署や従業員を特定しフォローしなければならない。そうしたなか、勤怠データ、組織データ、個人属性データなどを Excel 等で加工・集計し、レポートを作成するには大きな労力がかかる。

これらのプロセスは、様々なデータを収集・分析し、迅速な意思決定を支援する「BI ツール」を利用すれば、多くの場合自動化できる。5日要していたレポート作成が1～2時間で完了したという事例も報告されている。

ここで大事なことは、ピープルアナリティクスのこれらのメリットを企業や組織の競争優位性を高めることにつなげることだ。

データドリブンを採用や配置活動など人材マネジメントに徐々に活用していくことで、未実施企業との競争優位性の差が明確になってきていることは、国内外の事例から歴然としている。

›› ピープルアナリティクスを実施するうえでの留意点

ピープルアナリティクスを実施するうえで、以下のような問題を避けるよう、注意が必要だ。

(1) 分析の誤りの問題

2018年に米国のデータサイエンティスト、キャシー・オニールが著した『あなたを支配し、社会を破壊する、AI・ビッグデータの罠』(久保尚子訳、インターシフト刊)によると、米国政府直轄のプロジェクトが行った教師のハイパフォーマー分析に誤りがあり、質の良い教師がどんどん解雇され、教育水準が下がってしまった。

人事施策は全社的に年単位で行われることが多いため、こうした分析の誤りには十分気をつけなければならない。それには、定期的に分析結果が意味のあるものなのかチェックをする体制と仕組みを構築することである。

(2) 時間とコストの問題

データを格納するデータベース、各種分析ツール、HR関連のクラウドサービスなどの運用コストとそれを管理する人員の時間やコストは、人材マネジメントに必要な課題を事前に整理しておかないと、費用対効果のバランスが図られないことにつながりかねない。

(3) サーベイデータのバイアスの問題

従業員の人にまつわるデータ、例えば、性格、価値観、モチベーション、スキル、興味・関心、体調というものはゆらぎがあったり、変化をしていくものだ。そうしたサーベイデータは回答に多大な負荷を要するものは調査頻度が少なくなりがちで、データの鮮度に問題が出てくる場合がある。例えば、従業員エンゲージメント調査前に事件が起きれば悪い回答になりがちだが、次の調査までその悪い回答のデータが判断材料になってしまう。

また、性格や価値観データの調査などは、普段は良好なコミュニケーションの人が、サーベイの前日に組織内で人間不信を感じるような出来事があると、ネガティブな感情を持ったまま当日のサーベイを受けると後ろ向きの回答になりかねない。その回答が何年にもわたってその人の特徴として固定化されてしまうとバイアスが生じることになる。

こうした隘路にはまらないために、そのデータが収集された状況や、その過程でゆらぐ可能性はあるのかを把握しておく必要がある。

5-2 プロジェクトの実践手順

ここからは、ピープルアナリティクスのプロジェクトを0から始めるときの実践手順について説明していく。

まずは、あるべき「0. マインドセット」を確認したのち、具体的なプロジェクトの「1. 設計」「2. データの前処理」「3. 分析・可視化」「4. 施策・運用」について、プロセスを追って解説する。

手順0：ピープルアナリティクスの心得（マインドセット）

(1) 施策・成果へのストイックなマインド

最も大事な心得は「施策や成果につながらないデータ分析は無意味」と肝に銘じることだ。

データ分析を通じて、何のためのアウトプットを出すのかを明確にして取り組むマインドが必要だということだ。

(2) データを扱うことの責任感

ピープルアナリティクスは採用・配置・評価などに影響するものであり、対象者の人生に関わるものを扱っているという認識とともに、高い倫理観が求められる。データ分析を誤れば、その人の人生や会社にも損害を与えかねないことを肝に銘じ、データを扱うことの責任感をもって対処することが重要だ。

(3) データ化されていないものへの意識

プライバシーの問題からデータ化されていなかったり、分析には使いにくいものはいくつかある。仕事上の会話やメール内容、プライベートの重大事、毎日の物理的な体調などは仕事のパフォーマンスに影響するものだが、データ化できなかったり、プライバシーの問題上使用できないものもある。倫理上問題のあるデータはそもそも取得しないという判断が必要だが、データ化が困難だが不可能ではないものについては、必要であればデータ化する試みは常に意識しておく必要がある。

›› 手順1：プロジェクトの設計（7つのコツ）

ここからは、プロジェクト設計における7つのコツについて説明する。

設計のコツ1：6つの設計手順から課題抽出

①施策・分析設計：課題の洗い出しと選定、そこから施策・分析の設計を行う。
②データ設計：データ設計の際には法務の観点から取り扱い可能なデータかどうかを確認する。
③チーム設計：分析者やデータ管理者など実務担当を割り当てる。
④ツール・分析環境設計：チーム内で使用するツール類の設計を行う。
⑤スケジュール設計：集計・分析等の工数からスケジュールを決める。
⑥予算設計：人員、ツール、日程等から決める。

図表 5-2　設計時に火種は取り除いていく

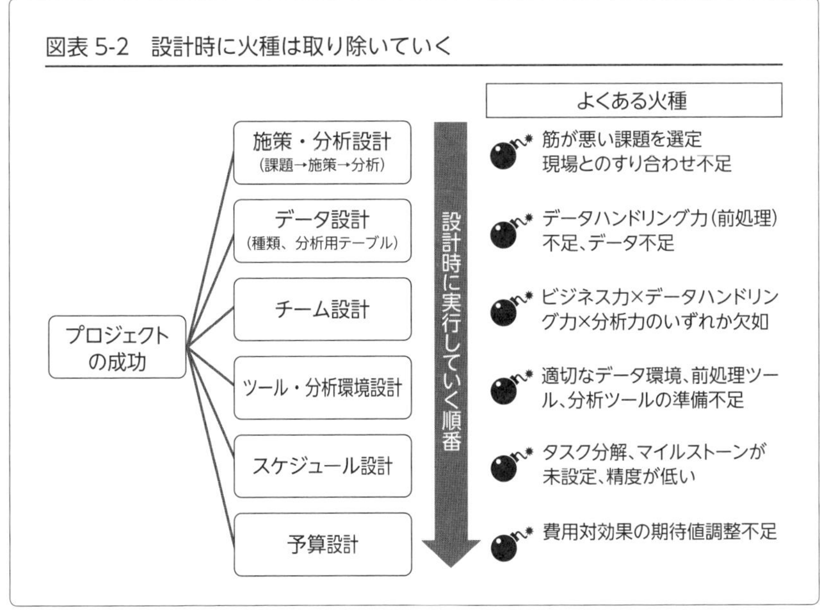

設計のコツ2：筋のよいプロジェクト選定

筋のよいプロジェクト選定は、事業・人事課題のリストアップから始める。把握しているものに加えて、事業部や人事に関わる部署にも直接ヒアリングするようにする。それというのも、思い込みだけで課題や想定施策を設定すると、後々現場からそれは実態と違うと指摘されたりして、無意味なプロジェクトになりかねないからだ。

課題のリストアップは、Excelなどで図表5-3のような一覧表を作るとよいだろう。そして、課題そのものをISAI（Impact、Speed、Action、Insight）基準で選定する。

・Impact……事業インパクトがあるかどうか？

・Speed……緊急度はどの程度か？

・Action……施策の実行可能性はどうか？

・Insight……新しい発見はありそうか？

よくありがちなのが、課題がわかったところで施策が打てないという

図表5-3　課題のリストアップ例

1. 事業課題をピックアップ→2. 分析イメージを記載→3. ISAI基準で選定

課題	分析イメージ	Impact 事業インパクトがあるか？	Speed 緊急度はどの程度か？	Action 施策の実行可能性は？（データはあるか、コストは現実的か）	Insight 新しい発見はありそうか？
優秀層が獲得できなくなってきている	採用プロセス別歩留まり率確認、要因の仮説検証	?	○（・・以内）	?	○
採用チャネルの費用対効果が不明	採用チャネル別費用対効果算出	◎	◎（・・以内）	△	◎
採用進捗レポート作成に月に10人日かかっている	データ加工、レポート作成の自動化	○	○（・・以内）	◎	×

プロジェクトだ。例えば、退職（定着）率を事前に予測して辞めそうな人をフォローするという企画があったとする。課題がわかっても、どのようにフォローすればよいのかについて、実行方法が決まっていなければ、プロジェクトは進められない。

なお、こうした場合、退職の理由がわかれば、人事担当や部長クラスが定期的に面談などで課題の把握とコミュニケーション、配置などをセットで行う施策を準備しておくのが望ましい。

図表5-4は、人事領域テーマ別に目的と分析内容、活用データ例を挙げたものだ。参考にしてほしい。

図表5-4　人事領域別課題のリストアップ例

	採用	要員計画、配置	育成	定着	労務
目的	・目標採用数達成 ・優秀人材獲得 ・採用コスト削減	・事業計画に即した要員計画 ・人材の最適配置（Will、Can、Mustのバランス）	・従業員の育成 ・育成従業員の選定 ・育成スキル、内容の検討 ・育成費用の最適化	・従業員の定着率向上 ・エンゲージメントの向上	・健康管理 ・労働時間管理 ・コンプライアンス管理
分析内容	・採用プロセスのモニタリング化 ・優秀層の事前予測 ・採用チャネル別費用対効果分析	・事業別収益シミュレーション ・職と従業員のマッチング分析	・ポテンシャル人材の事前予測 ・タレント分析 ・研修の効果検証分析	・定着率のモニタリング ・エンゲージメントのモニタリング ・退職予測	・健康データモニタリング ・勤怠モニタリング ・コンプライアンス違反予測
活用データ例	・採用プロセスデータ ・ESデータ ・採用試験データ ・既存社員評価データ	・事業別PLデータ ・従業員属性データ ・人件費データ ・スキルデータ ・評価データ ・面談データ ・従業員意識調査データ	・スキル、コンピテンシーデータ ・ジョブディスクリプションデータ ・研修データ ・評価データ ・従業員属性データ	・従業員意識調査データ ・パルスサーベイデータ ・従業員属性データ ・評価データ ・360度評価データ ・勤怠データ	・メンタルヘルス調査 ・勤怠データ ・コンプライアンス違反データ ・センサデータ ・パルスサーベイ

設計のコツ3：成果から逆算の設計

筋の良いプロジェクトが選定できたら、そのプロジェクトの設計を具体化していく。その際のポイントは、成果から遡って実行すべきことを決めていくことだ。

図表5-5に示すように、プロジェクトの実行手順は、「設計」→「データ整備」→「分析・可視化」→「施策」という流れであり、その結果が「成果」となる。

一方、設計時には、「成果」に必要な「施策」を設計、「施策」に必要な「分析・可視化」を設計、「分析・可視化」に必要な「分析用のデータ」を設計し、それらをまとめたプロジェクト設計をすることになる。

例えば、「定着率の向上」と「採用・育成費用の削減」という成果を出したいケースを考えてみよう。

図表5-5　プロジェクトの実行手順

分析プロジェクト設計は目標とする成果から逆算をする

	STEP1	STEP2	STEP3	STEP4	
プロセス	設計	データ整備	分析・可視化	施策	成果
概要	・施策 ・アウトプット ・データ ・チーム ・分析環境、ツール ・スケジュール	・従業員属性、ES調査、勤怠データ、評価データ等の結合	・個人別、組織別予測退職率と退職影響要因の集計、可視化	・退職予測率の高い優秀層の退職行動前フォロー	・定着率向上（退職率低下） ・採用・育成費用削減

◀ プロジェクト設計の流れ　▶ プロジェクト実行の流れ

まず、退職率の高い人を事前に予測し、その人にマネージャーが面談で、退職意向の状況、仕事、コミュニケーション、報酬などの退職を考えるに至った要因をヒアリングし、課題に合ったコミュニケーションをとるという施策を想定する。

次に、その施策を打つために必要な分析・可視化について考える。従業員別の退職（定着）予測値とその要因となる変数を可視化するためのダッシュボードを設計する。

それから、そのダッシュボードを作るために必要なデータは何かを考える。このケースでは、従業員属性、従業員満足度調査、勤怠データ、評価データなどを結合したものが必要だと想定できる。

最後に、施策、分析、データのアウトプットを作るのに必要な「チーム」やデータ関連の「ツール（データを格納するもの、加工ツール、分析ツールなど）」を洗い出す。そして、それらを揃えるための工数を洗い出し、スケジュールを決める。工数が決まれば、コストも設計できる。

設計のコツ4：簡易要件定義書の作成

設計のコツ3までのプロセスに沿って、図表5-6のように設計した内容を要件定義書にまとめてみる。

図表5-6は、「事業課題要件」「分析要件」「データ要件」「スケジュール・予算・プロジェクト体制」について記載したものだ。実際にこの作業を進めてみると、記入できない箇所が出てきたりして、その箇所の知識や経験が足りないことがわかる。また、記載した内容を眺めることで、実効性や費用対効果を再考するツールとして活用できる。

簡易要件定義書をチームで共有することで、分析の方向性のすり合わせや、コミュニケーション齟齬の問題が防ぎやすい。

なお、このテンプレートは筆者の共著書『Tableauデータ分析～入門から実践まで～』（秀和システム刊）のダウンロードサイトから入手できる（https://www.shuwasystem.co.jp/support/7980html/5026.html）。

図表 5-6　簡易用件定義書の作成例

No.	項目	記入事項
プロジェクト名		退職現状把握プロジェクト
事業課題要件		
1	依頼組織、依頼者	T部長
2	目標とする成果/達成条件	退職率が上がっているかの検証、退職要員の把握と施策のあたりをつけること
3	背景、課題	組織が急激に拡大し、人員も増え、全体像が把握できにくくなっている
4	施策：課題に対して誰が何をするか	人事企画で退職実態把握をし、報告をする
5	期限：いつまでに解決したいか	来週のチーム会まで
分析要件		
	分析目的	//
6	-誰に	部長に
7	-どんな情報を	退職率、退職者トレンド、退職要因
8	-どれくらいの頻度で提供するか	まずは1回限り（定期報告は要検討）
9	-どのような行動を引きおこそうとするか	定着率改善施策実施、深掘り分析の判断
	アウトプットイメージ	//
10	-作成・共有ツール	Tableauダッシュボード、PDF
11	-表現方法	トレンドグラフ
12	-分析手法	クロス集計
13	アウトプットの詳細情報（分析区分等）	部署別、評価別、入社年別
14	アウトプット作成プロセス（手順）	1.従業員番号と対象年の交差結合でマスタAを作成。2.マスタAに人事マスタを左結合。3.入社日、退職日から、年別勤務ステータスを作成。4.年別に勤務ステータスを集計し、退職率を確認
データ要件		
15	データの粒度	従業員番号
16	必要なカラム	入社日、退職日、部署、退職者
17	データ抽出条件	過去所属していた全従業員
18	検算方法	人事システム上の従業員数と一致するか
スケジュール・予算/費用対効果・プロジェクト体制		
19	マイルストーン、スケジュール概要	7/2(月)：ヒアリング、データ確認、設計 7/3(火)：データ整備、可視化 7/4(水)：可視化、コメント記述 7/5(木)：ダッシュボードまとめ、M部長確認 7/6(金)：バッファ 7/9(月)：チーム会で報告
20	予算/費用対効果	既存工数で対応
	プロジェクト体制	
21	-プロジェクトマネジメント担当者	Dさん（人事企画マネージャー）
22	-分析担当者	Dさん（人事企画マネージャー）
23	-データエンジニアリング担当者	Sさん（人事アシスタント）
24	-データ、分析基盤担当者	Yさん（情報システム部）
その他特記事項		
25		

設計のコツ5：チーム設計

ピープルアナリティクスプロジェクトを進めるにあたり、大きく5つの役割がある。この役割が果たせるようにチーム設計を行うことが望まれる。

①人事系課題施策の実行

人事部が担当することもあれば、その他の部署が該当することもある。

②プロジェクトマネジメントの推進

ピープルアナリティクスにおける推進者は人事企画や各人事機能の部署に所属していることが多いと思われる。この役割を担う者は、他の部署との調整を密に図り、協力を得られるように推進する強力な意志力のリーダーシップが求められる。ピープルアナリティクスは実施しなくても各部署の既存業務が回ることが多く、協力を求める部署に対して、プロジェクトの意義を説明することや、長期的な展望を自分ごととして語ることが求められる。

③分析や可視化の実務

BIツールに習熟したBIアナリストやデータサイエンティストなどが最適だが、シンプルな分析であれば、人事部内のExcelに習熟した者であれば対応可能だろう。

④データエンジニアリングの実務

データ加工ツール（アルタリクス、データスパイダー、TableauPrep等）やデータベース言語のSQL、Python、Rなどを用い、様々なデータを加工、結合などを行う専門家だ。この担当者が社内の人事システムデータに精通しているとデータ整備が早く進む。

⑤データ分析の環境構築の実務

データを格納するデータベース、分析ツールであるBIツールの導入・管理、分析ソフトウェアのインストール、セキュリティ管理などがその担当領域になる。

以上の役割を1人で担うには、幅広く深い知識と経験が必要であるため、現実的には5つの役割を複数人でカバーすることになる。

そして、データ活用のレベル向上に従い、この5つの役割それぞれにおいて専門家をアサインし、分業体制が進むこともある。

設計のコツ6：業務効率化型プロジェクトと分析型プロジェクトのポートフォリオを組む

ピープルアナリティクスプロジェクトは、大きく「業務効率化型プロジェクト」と「分析型プロジェクト」に分かれる。

業務効率化型プロジェクトは、例えば、従来月10日を要していた人員数把握レポート作成を、データ加工・可視化の自動化により月1～2時間で完了させるようなことだ。こうした業務は費用対効果が見積もりやすく、成果も出しやすい。

一方、分析型プロジェクトは、健全な組織づくりや、退職率を下げるための課題発見といったような試行錯誤が伴うことが多いものだ。こうした課題への取り組みは、試行錯誤のうえ、効果検証自体に時間がかかるため、費用対効果は見積もりにくく、意図した成果が得られるかがわからないというリスクがある。

そこで、まずは業務効率化型プロジェクトを先に進めて成果を出す、もしくは双方のプロジェクトを同時に進行させて、プロジェクト全体が失敗するリスクを下げるという進め方がある。

設計のコツ7：早い段階で現場を巻き込む

設計時に人事だけで進めるテーマを決めてしまうと失敗するリスクが高まる。現場課題の抽出を正しくできていればリスクは減るが、プロジェクトを進める前に現場へのヒアリングは行っておきたい。事前ヒアリングにより、真の課題や旬の課題を抽出でき、どのような施策が実行可能か、どのような分析結果であれば現場での理解が得られそうか、どのようなデータが必要か、こうしたことが把握できることが多い。また、現場でしか運用されていないデータを発見することもできる。

さらに、データの収集・分析の施策段階で現場の協力を得ておくとその後のプロセスが進めやすくなるため、現場の代表者を早めにプロジェクトメンバーとして巻き込むとよい。現場の代表者が推進者としてプロジェクトに加わることで、施策の実働性と現場への推進速度が向上する期待が高まる。

手順2：データの前処理

データの前処理とは、様々なデータを統合・加工し、ピープルアナリティクスが実行可能な状態のデータにすることだ。従業員属性と業績データといった異なるデータを結合・集計し、データテーブルの「構造」を変えるものや、生年月日から年齢を計算する、年齢を年齢区分に変える、文字列で入っている日付を日付型に変えるなど、データテーブルの「中身」を変えるものがある。

ピープルアナリティクスプロジェクトをゼロから進める際、データ加工のプロセスは全行程の5割から7、8割を占めることもあり、地道で根気を要すが、分析の根幹に関わる重要なプロセスである。

前処理のコツ1：分析に使用するデータから逆算する

集計したい表、グラフから逆算して、結合すべき元データに何が必要か、どのようなプロセスで結合、加工するかを考える。

例えば、図表5-7のように、部署別に給与の合計、1人あたり平均などを出したい場合は、月次の給与データと部署カラムを保持している従業員情報が必要であると洗い出す。

次に、時系列に給与データを比較するため、月次データを同じカラム同士を和結合（UNION）する。

一方、従業員情報が給与システムと異なり、従業員を識別するコードが異なっていれば、同じコード体系に変更する必要がある（番号の前に桁数を揃えるための0を付けるなど）。給与データと従業員情報が連動する従業員番号が同じになったら、データソース同士を結合する。

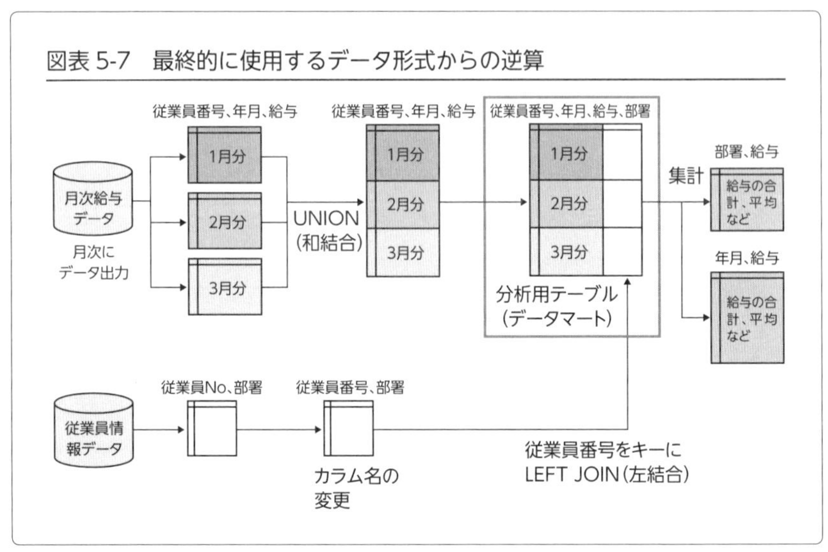

前処理のコツ2：保持データを一覧化しておく（データカタログの作成）

人事データが点在して管理されていれば、分析の前に保持データのリストを作る。データのリストは、どのようなデータテーブルを保持しているかというリストと、テーブル内の列名（カラム名）がわかるものの両方あることが望ましい。

保持データを一覧化することで、分析が可能かどうかがすぐに確認できる。複数のデータソースを結合して分析する際は、保持期間が重複しているかというチェックを素早くできるとデータ設計しやすくなる。

また、データソースが可視化されることで、複数人数でプロジェクトを行う場合、情報共有がしやすくなる。

前処理のコツ3：データを信じない

人事データの集計・分析は人の手で行われることが多く、その過程でミスが発生したりする。

また、同じデータソースでも、勤怠システムが変わった、給与システムが変わった、アンケートの項目が変わったなど、変更によって時系列の連続性が途切れていることもある。

図表 5-8 保持データの一覧化の例（データカタログの作成）

T_No	テーブル論理名	テーブル物理名	保持期間	データ最小粒度	更新タイミング・頻度	リンク／コメント
1	従業員マスタ（最新月のみ）	employee_master	2020/5/1-2020/5/31	empID	毎月	
2	勤怠データ	work_time	2016/1/1-2020/5/31	empID*日	毎日	
3	評価データ	evaluation	2015/4/1-2020/5/31	empID*年	4月・10月	
4	従業員満足調査	employee_survey		empID*調査年	年1、7月	

C_No	テーブル論理名	テーブル物理名	カラム物理名	カラム論理名	型	コメント、留意点
1	従業員マスタ（最新月のみ）	employee_master	employee number	従業員番号	varchar	
2	従業員マスタ（最新月のみ）	employee_master	employee name	従業員名	varchar	
3	従業員マスタ（最新月のみ）	employee_master	company_name	会社名	varchar	
4	従業員マスタ（最新月のみ）	employee_master	birthday	生年月日	date	

そうした経緯を知らずにデータ加工をすると、アウトプットを正しく活用できない。

例えば、月次の従業員マスタをユニオン（和結合）して年齢を計算したら、何百歳という年齢の従業員が出現した。データをチェックしてみると、ある時点から生年月日が和暦になっていたのだ。

こうした「うっかりミス」を犯さないためには、入手したデータは基本的に何らかの誤りがあるという前提でデータに向き合う。こうした習慣をつけると、データ加工のミスを見抜きやすくなる。

前処理のコツ 4：前処理ツールを使用する

データの前処理は、データエンジニアなどであればPython、R、SASなどプログラムで処理することが多いかと思う。

プログラムが書けなければ、市販の前処理ツール（アルタリクス、データスパイダー、TableauPrep 等）などを使用すると生産性が上がる。前処理ツールは、データ加工のプロセスをGUI形式でドラッグアンド

図表 5-9　使えないデータの例

- 西暦と和暦が混ざっている
- 従業員番号に前0がついていて、csv保存で時々消えている
- 同じ人が複数の従業員番号を持っている
- データによって日付が文字型、日付型だったり、形式が異なる
- 漢字氏名の列にカタカナ氏名が入っている
- 時系列で同じデータなのに、変数名が変わっている
- 評価体系が数値からアルファベットに変わっている
- 従業員満足度調査の尺度が年によって変わる
- 組織名がコロコロ変わるため、正確な異動がわからない
- NULLが入るべきところに、0が入っている
- 数字だと思ったらオブジェクトだった
- 1行目にデータの説明が書いてあり、データが読み込みにくい

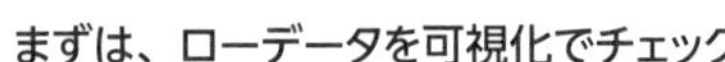

まずは、ローデータを可視化でチェック

ドロップで表現、実行が可能である。

›› 手順3：分析・可視化

ここでは、主に可視化について説明する。

データ分析には、簡単なクロス集計から、大小関係の差を検証する統計検定、変数間の線形の強さを見る相関係数、予測をするための回帰分析・機械学習、分類をするためのクラスター分析、情報を縮約するための因子分析・主成分分析などがある。

データの可視化のメリットを端的に定義すると、「分析結果を素早く伝える方法」といえる。

図表 5-10 の上側は採用プロセス別の人数が年度別に集計された表、下側はこの表をグラフ化したものだ。

同じデータだが、下側のグラフのほうが明らかに数字の大小関係を直感的に比較しやすくなっている。具体的には、①書類通過プロセスで大きく人数が減っていること、②年別に比較をすると全プロセスにおいて人数が減少傾向であることが発見しやすくなっている。

図表 5-10　数表をグラフにして可視化する例

歩留まり状況(数表)	Year 2016	 2017	 2018
1_応募者数	414	387	376
2_書類通過者	160	151	148
3_一次面接受験者	151	143	135
4_一次面接通過者	79	75	74
5_二次面接受験者	74	69	65
6_内定者数	37	36	33
7_内定受諾・入社人数	33	29	25
8_受諾者数	33	29	25

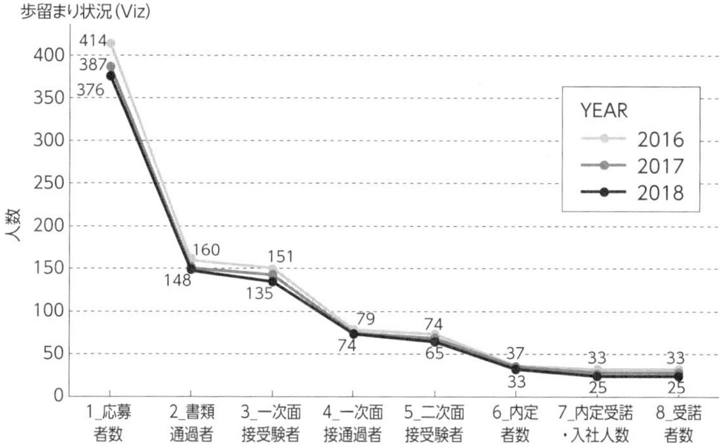

歩留まり状況(Viz)

可視化のコツ1：伝えたいメッセージから逆算する

可視化の1番目のコツは、「誰に、どんなときに、何を伝え、どのようなアクションを引き起こしたいか」から逆算することだ。

図表 5-11 のグラフの例は以下のことを想定している。

誰に：採用チームに

どんなときに：次年度採用計画を立てる振り返りをする際に、

何を伝えるか：2018年は応募数が減ったため採用数も下がったこと、内定受諾率が年々下がっているため、受諾率改善の施策を考える必要があること

どうしたいか：応募者数を増やすための施策について、応募者数増加、内定受諾率増加に焦点を絞ってディスカッションをしたい

このグラフで最も訴求したいポイントである「時系列で採用数が全体的に下がっていること」を伝えるため、折れ線グラフでは、最新年度に

図表 5-11　グラフの視認性を上げた例

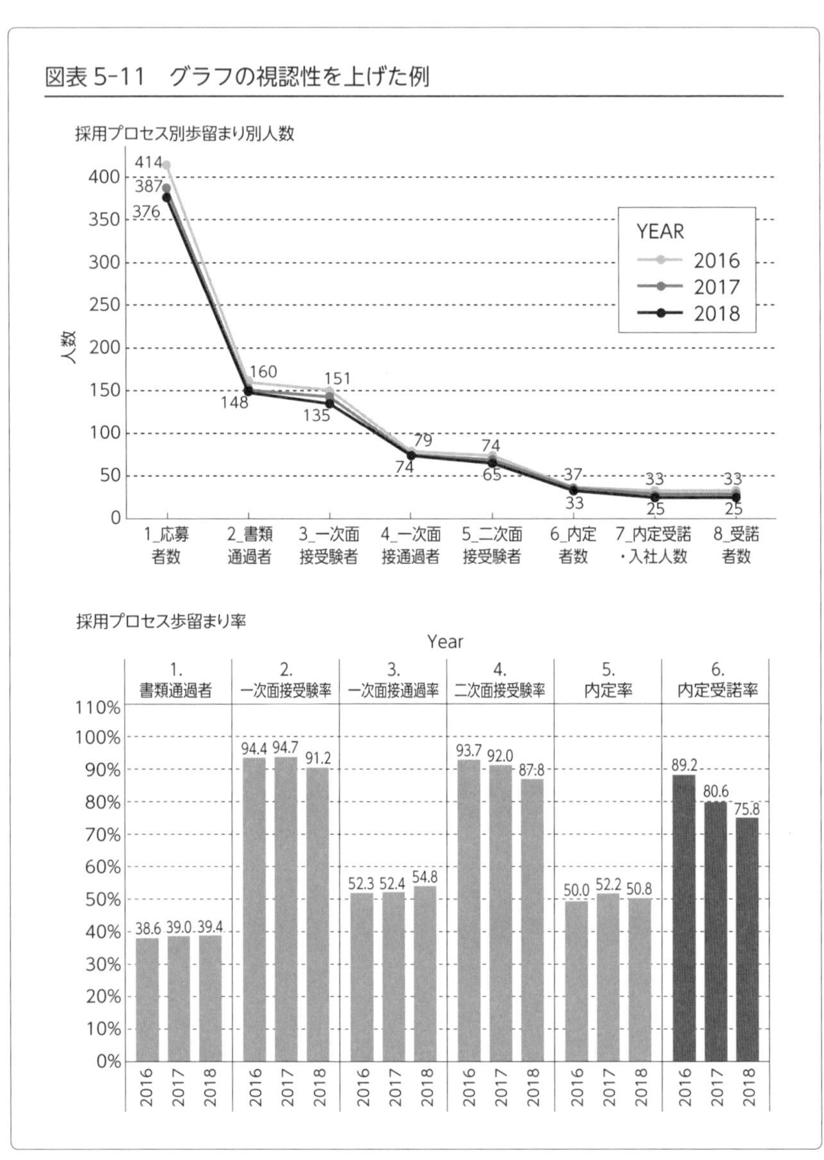

なるほどグラフの色を濃くしている。

その下のプロセス別歩留まり率の棒グラフでは、内定受諾率のみ濃い色にして視認性を上げている。

可視化のコツ2：目的に応じた表、グラフを用いること

表やグラフには、それぞれ適した活用方法がある。

数表：数字やテキストを羅列したもの。直感的に数字の大小を比較しにくいものの、多くの情報をまとめて表現するのに適している。変数を多く並べてデータの特徴を確認することや、ローデータのチェックによく用いられる。

棒グラフ：数字の大小を比較するのに適している。

100%棒構成比グラフ：構成比を可視化するのに適している。異なる区分の構成比も比較しやすい。

折れ線グラフ：数字の大小や時系列、プロセス別変化を表現するのに適している。

ヒートマップ：数表を数字の大小をもとに色付けしたもの。数字の大小に焦点をあてて確認したいときによい。

度数分布：横軸に数値を区分化したもの、縦軸にデータ件数などを棒グラフで表現し、データのばらつきを確認する。この例では、年代別の人数がどのような分布になっているかを可視化している。

円グラフ：構成比を円の角度によって表現する。100%構成比のように、異なる分析軸で構成比を比較する用途には向いていない（部署別の年代比率比較など）。

散布図：縦軸、横軸ともに数値を用い、データのばらつき、縦軸と横軸の関係性を確認する。

箱ひげ図：データの中央値（箱の真ん中の線）、平均値（箱のちょうど半分の位置）、ばらつきを表現する。箱の上限と下限の間にデータの50%が分布している。データにおける大小とばらつき両方を確認できるグラフだが、読み取るには統計的なリテラシーが必要になる。

数表

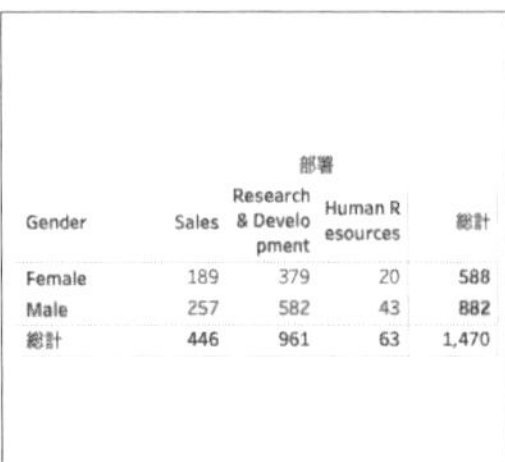

Gender	Sales	Research & Develo pment	Human R esources	総計
	部署			
Female	189	379	20	588
Male	257	582	43	882
総計	446	961	63	1,470

棒グラフ

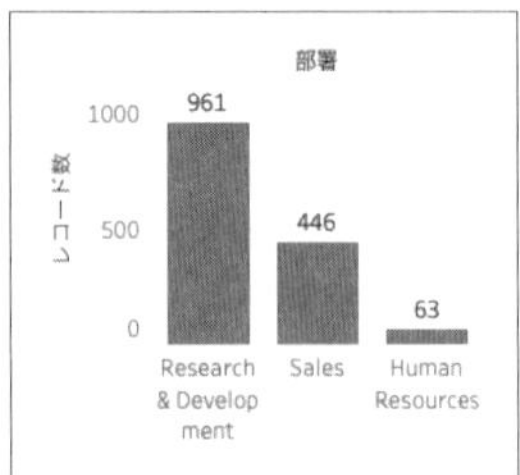

縦棒 100% 構成

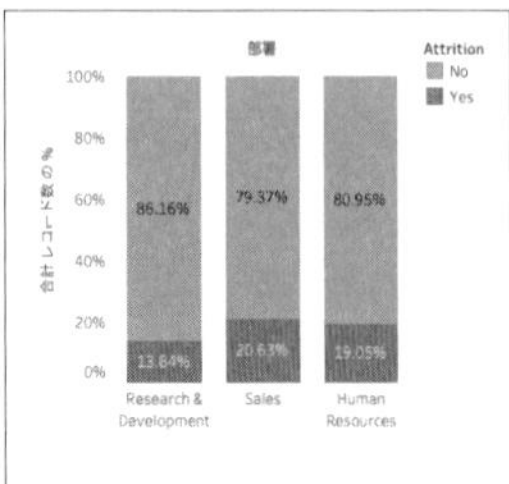

折れ線グラフ

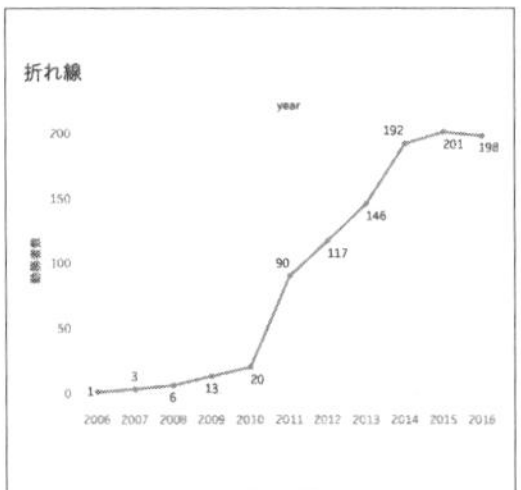

ヒートマップ

年齢区分	Human Resources	Research & Develop ment	Sales
		部署	
20	3,113	3,520	4,521
30	4,105	5,409	6,164
40	9,173	8,179	9,242
50	15,093	10,708	10,882
60		15,225	6,964

度数分布

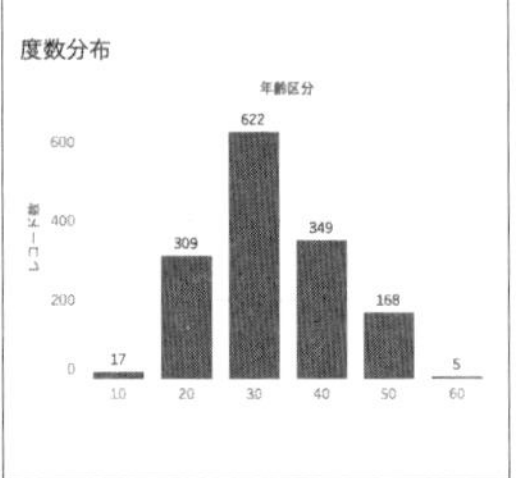

円グラフ

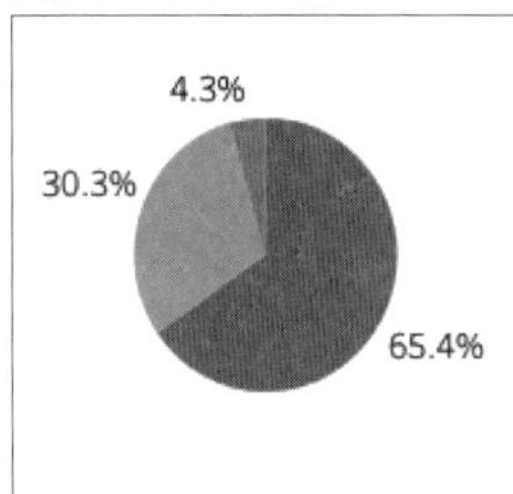

散布図

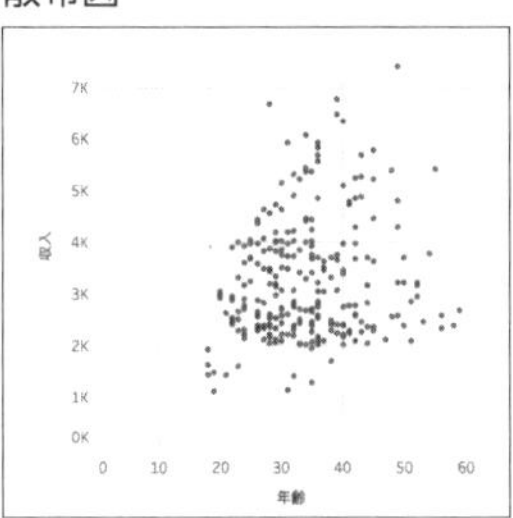

箱ひげ図

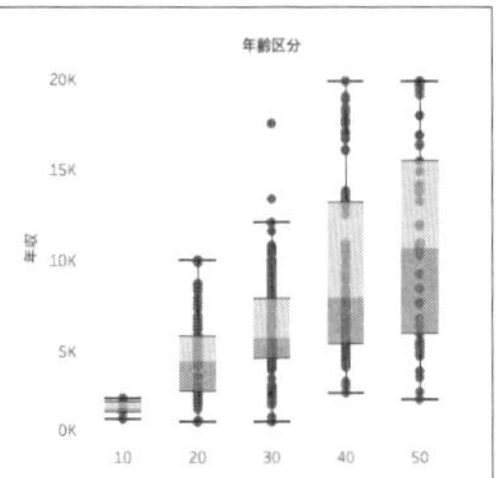

ツリーマップ

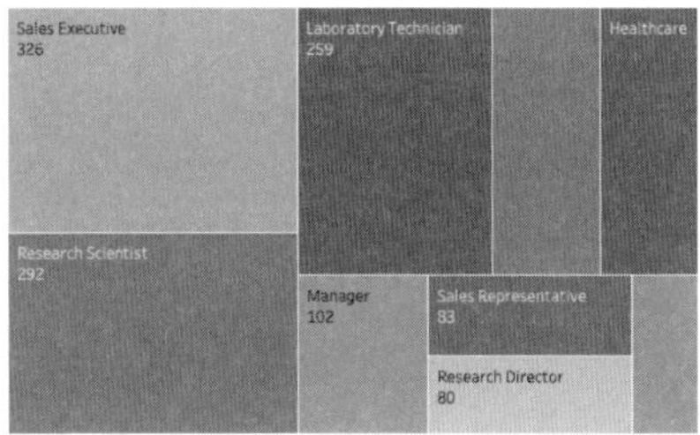

地図

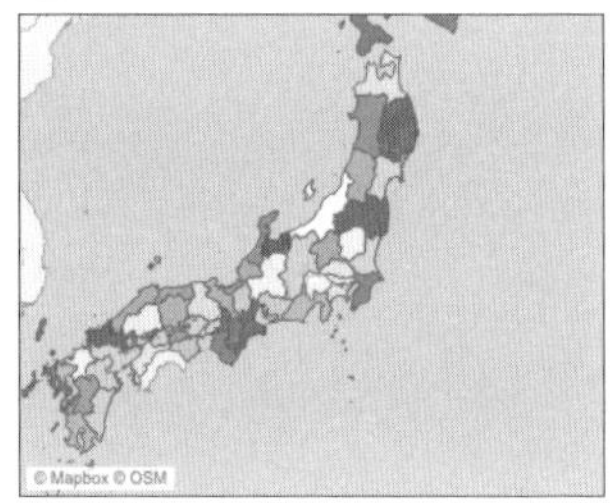

ツリーマップ：面積によって、データの大小を表現する。直感的な大小関係は伝えられるが、厳密な大小関係比較には向いていない。

地図：位置情報を地図によって表現する。データの大小については色で表現することが多いため、厳密な大小関係は比較しにくくなる。

可視化のコツ3：可視化の要素を分解して考える

可視化は「色」「高さ」「横の長さ」「面積」「角度」「形」「太さ」「順番」「奥行」などの構成要素で分解できる。

例えば、図表5-12のグラフでは人数の大小は「高さ」、人数の変化は「角度」、プロセス区分は「順番」、年は「色」で表現している。

表現する情報を可視化の構成要素に分けて考えることで、例えばこのグラフに新しい情報を加えるときにまだ使用していない「太さ」を使用しようだとか、構成要素をいろいろ入れ込み過ぎているので、情報量を減らそうなどの判断をすることができる。

図表5-12　可視化の要素を分解して考える

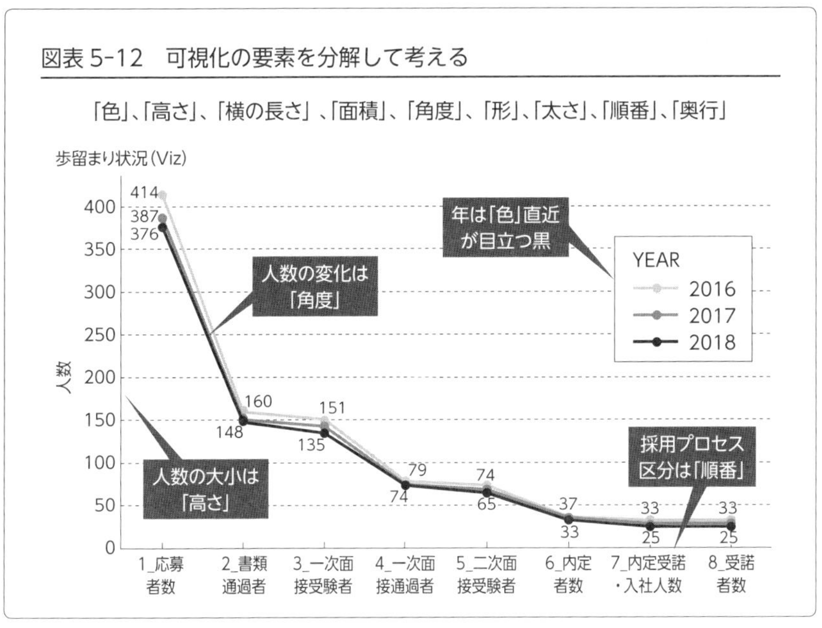

可視化のコツ４：BIツールによるグラフのスピード化

Tableauをはじめとする BIツールを活用すると、グラフ作成やデータの共有においてスピード化が図られ、生産性を上げることができる。

›› 手順４：施策・運用

施策・運用のコツ１：現場（活用者）との信頼関係を築くこと

良い結果に導く施策・運用のためには、現場でのデータ活用者との信頼関係が最重要となる。信頼関係の構築には、どんなに小さなことでも現場の要望を聞く姿勢を示したり、データ活用の有用性を丁寧に説明していくことだ。

また、現場に行かなければ発見できないこともあり、現場の実態を実際に見聞きすることで、必要なデータがわかり、課題に対する仮説を導くことができるようになる。

できれば、プロジェクト初期段階に現場の協力者の選定を行えるとよい。

施策・運用のコツ２：施策と効果をモニタリングし、成功例を関係者と共有

ピープルアナリティクスの有効性を現場の人たちに理解してもらえないと、データ収集の協力が現場の人たちには煩わしい作業だと受け止められ、協力体制が築けなく恐れがある。

そこで、定期的に施策をモニタリングし、実施状況を確認することだ。効果の有無を検証し、効果があればその成功例を現場と共有する。もし効果がなければその原因を探り、改善していけばいい。

第 6 章

運用の組織

6-1 人材獲得・育成の考え方

ピープルアナリティクスの実務において多くの企業で最初に直面するのが、「誰が進めていくのか」ということである。

ピープルアナリティクス関連のサーベイにおいても、人材データ分析・活用に対する関心は年々高まっているものの、関心度合いに比して実際に取り組んでいる企業は少ないという結果が出ている。

つまり、「何ができるのかわからない」「どの程度使えるのかわからない」と様子見をしている企業が多いのだが、その要因の1つに「人事部門にわかっている人がいない、やれる人がいない」という状況がある。

そこで本章では、実務を推進するプレイヤーと組織内外の協力体制、また人事データをピープルアナリティクスに活用するためのスキル、さらには組織内に仕組みを定着化させるための留意事項について説明していく。

人事担当者の育成

ピープルアナリティクスを担う人材をどのように獲得・育成するかという議論の際に必ず論点になるのは、人事の専門家とデータ分析の専門家のどちらを育成するのが近道なのか、ということだ。

この論点を考えるうえで押さえておきたいことが、分析対象となる人事データの特性である。

領域によっても異なるが、一般的にビッグデータといわれるものは容量がテラ・ペタバイトに及び、文書だけでなく画像、音声、動画、センサーデータなどの非構造化データも対象になることがある。通常のデータベースでは、記録、保管、解析が難しいような巨大なデータであり、それらを扱う際には専用ツールや高度な専門スキルが必要となる。

これに対して、人材データの多くは年・半年・月に1回程度更新される静的なデータが多く、仮にメールやカレンダーなどのワークスタイルデータを含めても、いわゆるビッグデータと位置づけられるほどデータ量が多くなく、Python や R などのプログラミング言語や専門ツールさえ使えれば比較的容易に扱うことができる。そこまで人材データ分析・活用が進んでいない企業では、Excel や Access などの汎用ツールを活用するだけで、何かしらの付加価値を創出できる可能性もある。

したがって、人事に精通した人材のうち、学生時代に SPSS などを使って統計解析を少しかじっていた人や HR テクノロジーに関心の高い人であれば、担い手としてのポテンシャルはあるといえる。こうした人材をピックアップして、多少時間をかけながら人材データ分析の専門家を育成していければベストである。

実際に、人材データ分析・活用の先進企業では、勘と経験に基づく人事のあり方に問題意識を抱いた人事部門の担当者が自身でデータ分析手法を身につけて、何かしらの成果を出して社内で認知され、データドリブンの人事に転換していく、といった経緯を辿っていることが多い。

ただし、実際にはすべての企業でそうした先進企業と同じように取り組むことは難しいかもしれない。多くの企業にとっては、人事部内の現有人材で最も素養のある人を選んで配置しつつも、後ほど紹介するように他部門や外部の専門人材の協力を得ることが効果的であろう。

他部門からの獲得

・他部門からの人材獲得の意味

今や、企業経営の各領域においてデータ活用・分析が行われており、企業の競争優位を決定する要因の１つとなりつつあることに異論はないだろう。ただ、その歴史は領域によって大きく異なり、人事ではデータ活用が遅れてきたと言われている。

例えば、データマイニングで有名な「おむつとビール」のエピソードがある。米国のあるスーパーマーケットで販売データを分析したところ、おむつとビールを併せ買いするケースが多く、それは母親がかさばる紙おむつを買うよう父親に頼み、店に来た父親はついでに缶ビールを購入することがわかった、というものである。これは今から 30 年程前の

1990年代前半の出来事である。

この例からもわかるように、マーケティング領域では世の中においてすでに分析ノウハウが蓄積されているうえ、社内人材に目を転じてみても、人事部門よりも分析に長けた人材が多く存在しているのが一般的である。

また、本社のコーポレート部門だけでなく、事業部門でもデータマネジメントの重要性が急速に増加しており、人事部門に比べると厳格なKPIマネジメントの仕組みを導入しているケースが多い。

特に、Webサービスやアプリサービスなどでは、徹底したKPIマネジメントを実施することが一般的で、これを人事部にも導入することで、ブラックボックス化されていた人事活動の可視化のきっかけとなりやすい。こうした部門は、人材データの専門家となるうえで必要な素養を身につけている人材の宝庫である。人事部門でできる人材がいないのであれば、こうした人材を活用しない手はない。

では、こうした他部門の専門人材を活用することでどのようなメリットが得られるのか。

(1) データ分析のPDCAサイクルの実践

データ分析で陥りやすいのが、「分析のための分析」である。つまり、いろいろ分析してみたが次のアクションがなかなか見えない状況になってしまうということである。例えば、手始めに適性検査の分析で考えられる様々なパターンの分析や、高度なテクニックを用いた分析を実施したにもかかわらず、結局、来年度の採用活動をどう変えるのかの糸口はつかめなかった、といったケースもよく見られる。

こうした状況に陥るのは分析スキルももちろんであるが、むしろ分析のPDCAサイクルをきちんと回すということが習慣づいていないことに起因することが多い。

これまで人事領域ではこうした仕事があまり重んじられなかったこともあり、目的のためにはどのような分析が必要か、分析結果をどう読み解いてどのような解決策につなげるのか、といった流れで仕事をするスキルは、優秀な人材であってもあまり身についていないことも多い。

したがって、仮に人事領域に詳しくないとしても、こうしたサイクルを回すことが身についている人材が１人加わるだけで、「分析のための分析」から「意味のある分析」に転じるきっかけとなり得る。

(2) 現場の巻き込み

それだけではなく、現場の巻き込みという点でもプラスに働くことも多い。人事部門がデータ分析をしようとすると、現場の負荷をあまり考慮せずにデータ提供を依頼しがちになる。

一方、現場での分析に慣れた人材だと、物理的な負荷を軽減するような依頼をしたり、データ取得に対してうまく理由付けすることで精神的な負荷を軽減し、結果的に協力を取りつけることができる。

›› 他部門の人材に活躍してもらうためには

では、社内の他部門から最適な人材を引っ張ってくればうまくいくのかというと、必ずしもそうとはいえない。異動後に継続的に活躍してもらうための十分な準備や仕掛けが必要である。そうでないと、せっかくの人材を活かしきれない可能性が高い。

(1) モチベーションの問題

前述のとおり、人材データはビッグデータといえるほどの情報量とは言いがたい。すると、いかに膨大なデータ量を扱うか、いかに先進的な分析を行うかを重んじるタイプの専門家にとっては、物足りなさや歯ごたえのなさを感じやすい。

さらに、難しい分析が必ずしも意味のある結果につながるとは限らず、データの可視化だけでも十分な価値をもたらすこともある。すると、その程度のことしか期待されていないのであれば、自分でなくてもできるのでは、と思われてしまう可能性がある。

したがって、他部門の人材が人事部門で活躍するための要件は、一定の分析スキルがあることは大前提だが、そこまでスキルの高さを追求するのではなく、適性やモチベーションを重視することが必要である。

例えば、人に興味があるかどうか、これまでなんとなく曖昧だったものを数値で示したり言語で示すなどデータ分析未到の領域を扱うことに興味があるか、といった点を人材要件に加えることが効果的である。

(2) 社内における説得力の問題

社内の他部門から異動してきた専門家は、正しくデータ分析してアウトプットを出したとしても、人事の知識や現場感のなさに起因して、どうしても説得力に欠けるとみなされがちである。人事部門内でも、「そんなことはデータ分析する前からわかっていた」とか、「理論的にはそうかもしれないけれど実際にそんなことはできない」といった反発を招くこともよくある。

そうした反発の多くは、異動してきた本人たちに起因するのではなく、期待値コントロールが十分でないことが多い。データ分析の専門家が来てくれるのだから何とかしてくれるはずだ、とすべてを任せてしまったり、すごい技術があるのだからと過度な期待してしまう、といった具合である。

しかし、人材データが十分でなければそこまでの結果は得られないし、人事部門で想定している筋の良い仮説がなければ効果的な分析はできない。過度な期待よりも実質的な支援が重要である。

そのためには、オーナーシップはあくまで人事部門の担当者が負い、その支援の下でデータ分析の専門家が動くという構図が最も現実的で効果的といえる。また、仮に専任が難しければ、もとの職場との兼任として動いてもらうだけでも十分価値を発揮してもらえるだろう。

›› 外部リソースの活用

最初の一歩としては外部リソースの活用も効果的である。ある程度軌道に乗った後であれば外部に頼みやすいが、社内的にピープルアナリティクスで一体何ができるのか、本当に役立つのか、といった懐疑的な目があるなかで、多大な労力やコストを掛けられないという声もよく聞く。

しかし、実際に何から手をつけたらよいかわからないという状況で自前で取り組んだ場合には、いくら頑張ったとしても、結局人材データ分析は役に立たないという印象を持たれる結果に陥る可能性が高い。そうであれば、まずは外部リソースを活用してスモールスタートという選択肢は悪くはない。

最近では、高価なカスタマイズされたサービスだけではなく、無料なものも含めて様々なツールが提供されており、安価で手軽に人材データ分析に触れることができるようになってきている。そうしたサービスを活用することで、まずは人材データ分析の世界に触れてみるということには価値があるといえる。

では、人はどうするのか。

近年データサイエンティストやデータアナリストの獲得競争は激化しており、人事部門でそうした人材を採用することは現実的に難しい。しかも、まだ人材データ分析・活用の取り組みが成果を生んでいない段階で、専門人材を採用するのは社内的に承認を得られないだろう。

そこで活用の可能性があるのが、統計やデータ分析のスキルを有する学生である。一般的に学生がビジネスの世界ですぐに付加価値を出すことは難しいが、データ分析の領域においては即戦力としてのポテンシャルを秘めており、すでに一部企業では積極的に活用している。学会などで発表する機会を得ている学生も多く、単にプログラミング言語を使いこなす技術を持っているだけでなく、基本的な仮説検証サイクルを回したり、プレゼン技術に長けている傾向にある。人事担当者がきちんとリードしさえすれば、一定のアウトプットは期待できる。

6-2 必要なスキル

ピープルアナリティクスを推進するうえで必要なスキルは以下の４つに大別できる。それぞれがどのようなスキルなのか、具体的にどのような局面で発揮されるのかを解説する。

図表 6-1　4 つのスキル

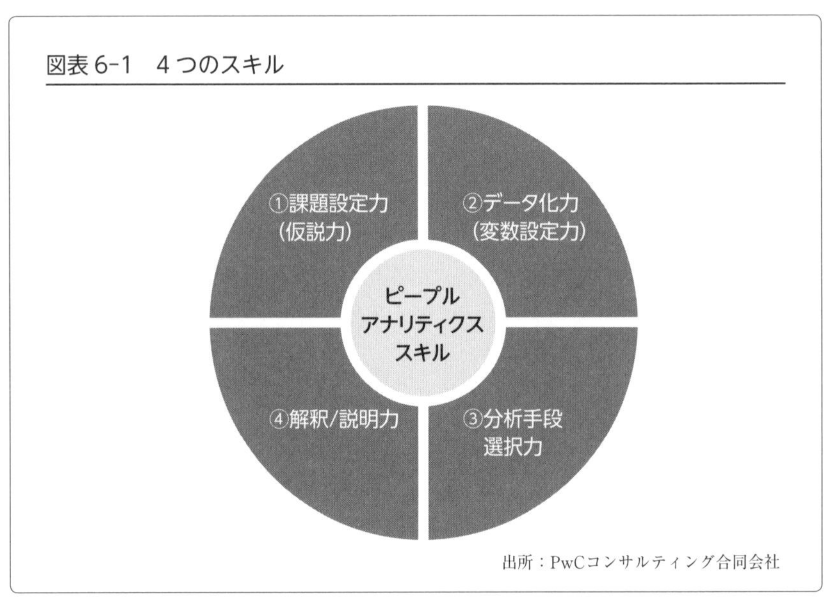

出所：PwCコンサルティング合同会社

スキル１：課題設定力（仮説力）

(1) テーマを設定する力

３～４年前までは、例えば将来的なハイパフォーマーとなる社員を新卒採用時にどのように選考するのか、といった具体的な人事上の課題に対して人材データをどうやって使うのかという相談が大半であった。しかし、近年では人材データ分析・活用が話題になり関心を持つ層が飛躍的に拡大したことから、経営層から「うちも人材データを使って何かできないのかと言われているので何かしなければ」といった、実現したいことが明確にないなかで人材データ分析・活用ニーズが先行するケースが増えてきている。

ただ、当然のことながら、何を実現したいのか、そのためには何を明らかにしたいのか、といったことは最低限あらかじめ決めておかなくてはならない。また、例えば退職をテーマとして選んだとしても、ハイパフォーマーの退職を抑制するのと、入社後3年以内の退職を抑制するのでは、必要となるデータ項目や分析手法も異なってくるので、本格的な分析に着手する前にテーマを絞らなければ、意味のあることとはなり得ない。

(2) 要因仮説を設定する力

例えば、「退職を抑制する」というテーマを挙げた場合には、その原因は何かを抽出したうえで、退職予測モデルを作成し、組織・個人別にどの程度退職リスクが発生するかを明らかにする、という流れが一般的である。

そこでまずポイントとなるのは、要因となり得る要素を可能なかぎり網羅的に洗い出すことである。一般的に、退職の要因分析を実施すると上司との関係性が主要な影響因子として挙がることが多いが、仮に勤怠

図表 6-2　退職要因の分析（例）

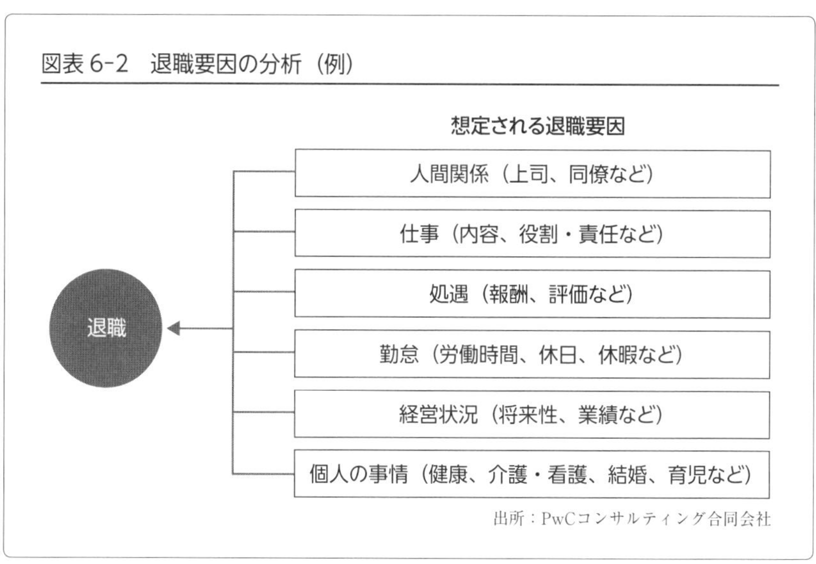

出所：PwCコンサルティング合同会社

のみを分析対象にした場合には重要な要因を見落としてしまい、分析を踏まえて立案した施策も的外れに終わってしまう可能性がある。

ただし、実際にはデータが十分に存在しない、すべての変数の組み合わせを分析対象とすると膨大な工数が掛かってしまう、といったことから、すべての要因について網羅的に分析することは難しい。

したがって、理論上候補となり得る要因のうち、可能性の低いものは思い切って捨て、影響を及ぼしていそうな要因を特定するといった「筋のよい仮説」の見極め力が必要となる。

図表 6-3　勤務データを分析する際の観点（例）

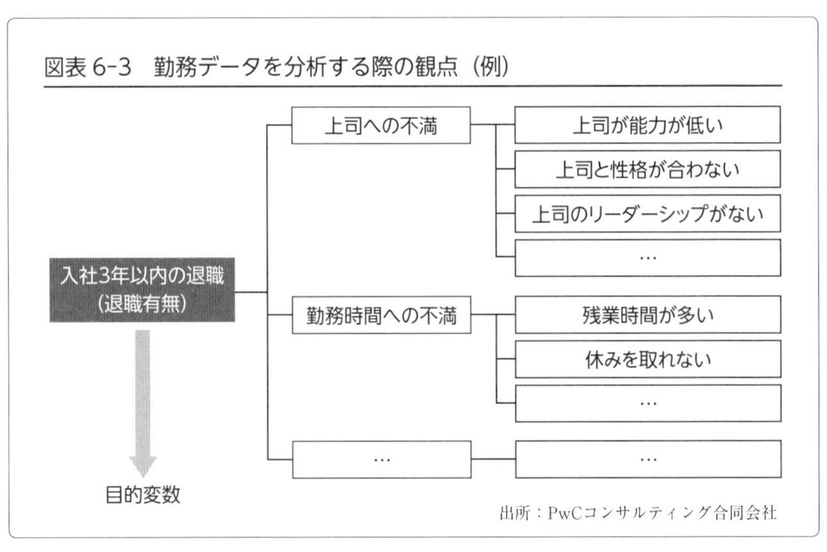

出所：PwCコンサルティング合同会社

スキル2：データ化力（変数設定力）

人材データ分析では、対象となるすべての変数がデータ化されていなければならない。自己申告シートやエントリーシートなど一部のデータ化が困難な場合にはテキスト分析が効果的なこともあるが、多くの場合には数値化されたデータが必要である。

最も手軽なのは、人事システムなどに存在する各種数値の中から、各種要因を示すうえで最も近いデータを探し出すことである。しかし、実際には人材データがそこまで整備されていなかったり、要因を説明するうえでぴったりのデータがないことも多く、うまく加工することでデータ化（変数設定）しないと、言いたいことを言うためのデータが存在しないことになってしまう。

例えば、一見単純なようだが、まず手始めにハイパフォーマーの特徴を分析しようとした際、ハイパフォーマーをデータに基づいて選定する段階で戸惑う企業は多い。「人事評価は必ずしもパフォーマンスを反映していない」「営業成績が高いからといって必ずしもハイパフォーマーとは限らない」「単年度だけ見てもハイパフォーマーかどうか判断できない」といったように人事データの限界を示唆したり、現場マネージャーに誰がハイパフォーマーを抽出してもらおうかという意見まで出ることもある。

このように要因として説明力を持ったデータを設定するためには、人事システムなどに存在する各種人事データをそのまま使おうとしても使えないことも多く、いかにデータを加工するかがポイントである。それでもどうしてもデータを作れない場合には、分析のために新たにデータを取得することもある。

データ化力（変数設定力）といっても様々なパターンがあるが、ピープルアナリティクスでよく使われるのは以下の方法である。

(1) 時間軸を設定する力

人材データはアップデート頻度がそれほど頻繁ではないとはいっても、ほとんどの項目で半年もしくは毎年定期的にデータが追加されていく。アップデートされないのは、属性データ、毎年新卒採用時のみ実施される適性検査結果、過去に一斉に実施したTOEICスコアなど一部にとどまる。すると、データ分析の際に、いつからいつまでのデータを活用するのかは常に論点となる。

先ほどのハイパフォーマーの例でいうと、直近1年間の評価結果を活用すると安定的なパフォーマンスを判断できないのであれば、もう少し長い3年程度の評価結果平均を対象とすることが多い。このように期間の設定の仕方によって得られる数値が変わってしまうことに留意が必要である。

時間軸の設定が最も難しいのはワークスタイルデータを活用する場合である。都度データがアップデートされていくので、時間軸の選択肢は無限に広がっている。退職・休職分析の際に直近のデータを含めてしまうとすでに有給取得期間に入っていて意味のあるデータが得られない、といったこともある。目的変数（この場合は退職発生の有無）に対してどの期間の働き方が影響を及ぼすのかという仮説設定が重要である。

妥当なデータを抽出するためにどんな場合でも当てはまる最適な期間は当然ながら存在しない。一般的には、時系列を遡るほど分析対象となるデータ量が増加し、特に退職・休職などサンプル数が不足しがちな分析時には対象期間を長く取ることは効果的である。一方で、データの欠損（直近入社者が対象外となる、該当項目データ取得が開始されていないなど）が発生したり、データ項目の意味が変わってくる（評価基準が途中で変更されているなど）というデメリットも発生する。これらのトレードオフの関係を頭に入れながら、最適な期間を設定することが必要である。

(2) 数値の変化を捉える力

データ分析の際には、数値の絶対値の高低に着目しがちであるが、それ以外にも数値には様々な側面があり、どのように変化しているかを読み取ることも効果的な場合がある。

例えば、新しい職場がＡさんのエンゲージメントにどのように影響しているかを判断するためには、もともとのエンゲージメントの高低は関係ないので、スコアの絶対値ではなく異動前後の差異に着目する必要がある。

また、評価データなど半年や１年サイクルのデータの場合には絶対値が意味を持つことも多いが､勤怠データやメール､カレンダーなどのワークスタイルデータの場合には、それ以外の様々な変数を設定することができる。

図表 6-4　勤務データを分析する際の観点（例）

合計
(例) 月合計どの程度働いているか

平均
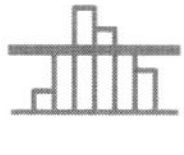
(例) 1日平均でどの程度働いているか

最大値/最小値

(例) 1日で最も長く働いたときの労働時間はどの程度か

変動幅
(例) 日によって労働時間がどの程度違うか

変化率

(例) 週当たりの労働時間はどの程度増えているか

周期 (波形)

(例) 何曜日に時間外労働が発生しているか

基準値以上/以下

(例) 1日当たり一定以上の時間外労働時間がどの程度発生しているか

出所：PwCコンサルティング合同会社

例えば、勤務状況が退職に与える影響を分析する場合には、組み合わせのパターンも多く、図表6-3のような変数が考えられるが、実際にはすべてのパターンについて変数を作るのは難しい。

そこで、退職要因の仮説に基づいて、意味のありそうな変数は何かを抽出することが重要になってくる。

(3) 数値化（距離化）する力

人材データ分析・活用の際によく出てくるのが、「○○と○○は似ているのかそれとも似ていないのか」という観点である。例えば、上司と部下の関係において気質が似ている場合とそうでない場合で部下のパフォーマンスはどう変わるのかといったケースである。この場合、上司と部下の適性検査の項目別の差異を合計すると、差が小さいほど似ている、差が大きいほど似ていないとみなすことができる。

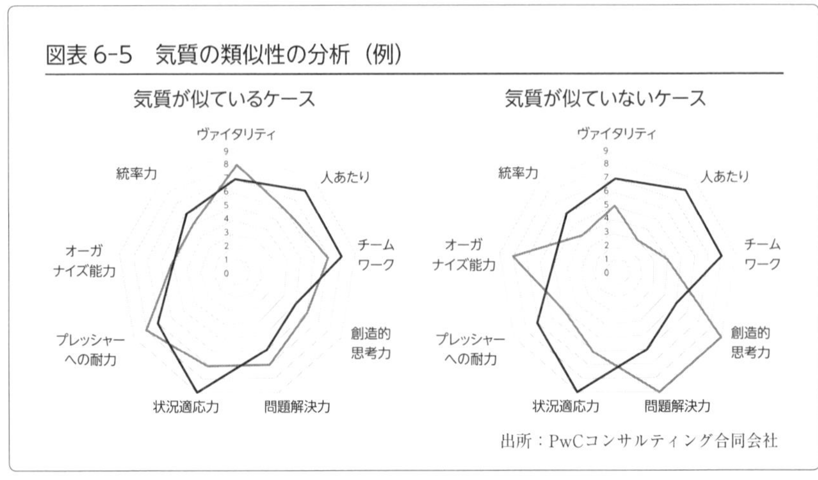

図表 6-5　気質の類似性の分析（例）

出所：PwCコンサルティング合同会社

スキル3：分析手段選択力

仮説を立て、分析に必要な変数をデータ化できたら、次は適切な分析を実施することが必要となる。

データ分析の目的は多岐にわたるが、人事領域ではそこまで種類が多いわけではなく、大まかに

①何かを予測すること

②似たもの同士で分ける

のいずれかに区分することができる。（原因分析は、予測モデルを作成の一環として行われるため、①の一部に分類される。）

また、具体的な分析手法としては、大きくクラスター分析、決定木分析、回帰分析の３つが用いられる。実際には、ある分析をする際には複数の手法が候補になることもある。

例えば、原因分析や予測分析の際には、決定木分析と回帰分析がともに候補となり得る。その場合には、予測モデルに基づいて算出した結果の答え合わせをして、予測精度の高い手法を採用するといったプロセスを経ることになる。

図表 6-6　人事データの主な分析パターン

①何かを予測する	②似たもの同士で分ける
過去の統計から将来起こることをパターン当てはめ予測する	複雑に絡み合う複数の特徴をまとめて分類化する
A部門の退職の要因トップ3は●● Xさんが退職する可能性は●●%	今年の採用者は●●型が●●%

図表 6-7　主な分析手法

クラスター分析	決定木分析	回帰分析
データをいくつかのクラスター（かたまり）に分類し、「これまで見えていなかった要素で分類することを可能にする」手法	データから、ある事象を決定づける要素をツリー上に特定し、これから起こることに対する予測を行う手法	データから、ある事象を決定づける要素を1つの式で表し、これから起こることに対する確率を予測する手法

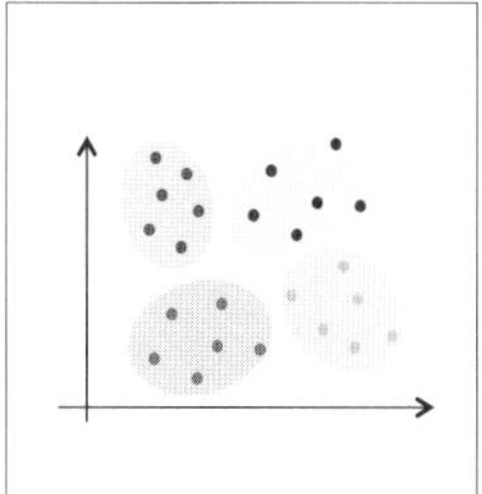

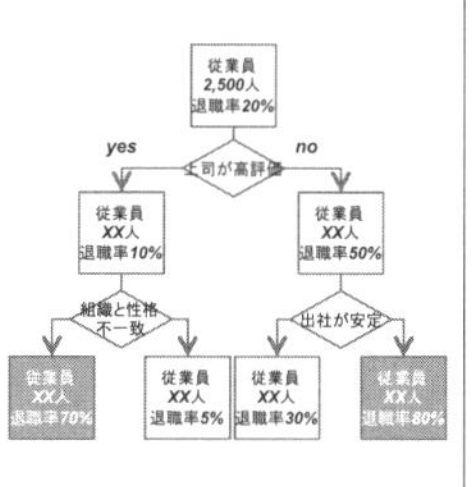

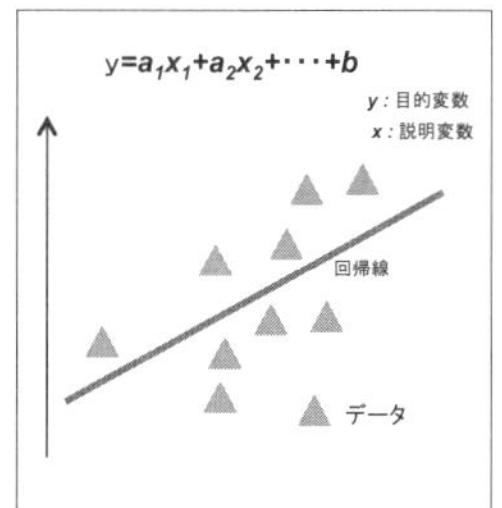

出所：PwCコンサルティング合同会社

スキル4：解釈/説明力

人事の世界では、人間の心理状況なども含めて説明できる変数をすべて網羅することは難しく、100%の回答は存在しないこともあり、データ分析によって得られた結果による意思決定の自動化は難しい。

したがって、ハイパフォーマーの予測モデルを作成して、「人材タイプ1の入社後のハイパフォーマー確率は5%である」という結果が出たとしても、それだけでは何の役にも立たない。

データ分析の結果は、あくまで意思決定する際の気づきを与えるサポートとしての位置づけであり、データ分析によって得られた結果を視点として取り入れて意思決定を行うことが求められる。そこで重要となるのが、解釈／説明力である。

分析結果が何を意味するのかを把握するためには、「なぜそうなったのか」を根拠づけることと、「それは何を意味するのか」という示唆を出さなければならない。

せっかく良い分析をしたとしても、明確な根拠づけがされなければ、その結果が受け入れられない可能性が高い。実際には分析結果を見てみると、初期仮説がそのまま当てはまらないことも多いことから、仮説の引き出しを多く持つことや、初期仮説にこだわりすぎず別の仮説を考えてみるという潔さが必要である。

そして何より、わかりやすく腹落ちするストーリーをいかに作れるかが、効果的な分析や施策立案に必要なポイントとなる。

6-3 社内の意識改革

ピープルアナリティクスを進めるうえでは、先に述べた人材やスキル、組織ももちろん大切だが、実際に進めようとする際に直面するのは、社内からの抵抗である。最初の一歩が踏み出せなかったり、せっかく着手はしたもののPoC（Proof of Concept：パイロットとしての実証実験）で終わってしまうのは、意識改革が原因となっていることも多い。

以前に比べると人材データの分析・活用に追い風は吹いているものの、総論賛成でも実際に進める際には必ずしも賛成しないことも多い。

「データ整備優先」という幻想

最近では、人事部内でも正面切って「データ分析・活用して本当に意味があるのか」といった人材データ分析・活用そのものに対して懐疑的な意見が出てくる機会は減ってきた。代わって、「データ分析・活用はしたいのだが、人材データが十分整備されておらず、分析するのは時期尚早ではないか、まずはデータを揃えることから手をつけたい」といった意見を聞くことが増えてきている。

このデータ整備優先の考え方が、最初の一歩を踏み出すことに躊躇している企業における最もポピュラーな理由ではないだろうか。

確かに質の高いデータがあるに越したことはない。しかし、だからといって必ずしもデータ整備を先にやらなければならないわけではなく、分析と同時並行で進めることも可能である。

むしろ、トライアルとして小規模な取り組みであれば、どんなに不十分であっても既存データで先行して分析をしてみることのほうが、効果的な人材データ分析・活用の近道となることが多い。

データ整備先行時の２つの壁

人材データの整備を先行しようとしている企業は、２つの壁に直面しやすい。

①「社内の協力を得られない」という壁

人事部や事業部門にしてみると、どのような効果が得られるのかがはっきりとわからないのに、データを整備するためにデータを入力したり収集してくれと依頼されても、何のためにやっているのかが明確でないことに対して積極的な協力をしにくい。

では、協力を得るためにはどうすればよいか。

まずは、新たなデータ入力・収集は最小限にとどめ、できるだけ既存データを使ってクイックウィンを生むことで、人材データ分析に意味がありそうだという感覚を掴んでもらうことである。

基本的には、協力を得たい人や部門が強い関心を持っている領域を対象とすることや、分析結果が短期的に何かしらの効果につながることが必要である。

例えば、比較的データが蓄積されていることの多い採用領域で、適性検査などの結果から将来の社内のハイパフォーマーに共通して見られた採用時の特徴を共有するといったことも効果的である。

また、事業部門リーダーに対して、退職者データに基づいて部門別の退職要因や数か月後の個人別の退職予測の結果を示すことも考えられる。

このように、まずはクイックウィンを生むことで、もっと分析を深掘りしたいという意識が芽生え、よりよい意味のある分析をするためには他のデータが必要と認識して、データ整備に協力してもらいやすくなるだろう。

②「分析に有用なデータが集まらない」という壁

まだ本格的な分析を実施していない段階でデータ整備に着手しようとしても、実はどのようなデータが必要なのかが明確になっておらず、優先順位付けもしないまま、網羅的にデータを収集しがちである。当然のことながら、データ収集に周囲はなかなか協力してくれず、結果的に分析に必要なデータが揃わないという悪循環に陥ってしまう。

そこで、まずは少なくてもいいので既存のデータでできるところまでトライアルとしてやってみる、というのがお奨めである。もちろん、分析結果としては物足りない面もある。しかし、一度分析してみることで、そもそも自分たちがやりたい分析とはどのようなものなのかが見えてくるうえ、本当に欲しいデータが絞られてくる。

このプロセスを一度経ることで、現場に対して依頼をする際には、目的や効果をきちんと伝えられるし、必要なデータに絞って依頼することになるので、情報提供に協力的に対応してもらいやすくなり、正のスパイラルが働きやすい。

過剰な期待、筋違いの期待

(1) 経験と勘 VS 人材データ分析

ピープルアナリティクスを推進する際には、これまで拠り所であった経験・勘に基づく人材マネジメントから脱却して、エビデンス・ベースドに転換する必要がある、というお題目が唱えられることも多い。こうした背景から経験や勘と人材データ分析・活用は対立する概念であり、これまで人事において培ってきたものが否定されてしまうのではないか、と懸念を持つ人も多い。

実際には、経験や勘が全面否定されるわけではなく、むしろ両者が融合してこそエビデンス・ベースドの人材マネジメントに転換することができる。それは、特に以下の局面で見られる。

[仮説立案]

データ分析を実施する際には無数のパターンが考えられるが、実際にはすべてのパターンを試してみるのは不可能であり、いかに筋のよい仮説を立てるかが大事である。

実際には、筋のよい仮説は、データ分析の習熟度とは関係なく、経験と勘から立案されることが多い。

したがって、データ分析に対してネガティブな態度を示す人であったとしても、それらの知見を使わない手はない。

[解釈]

当然のことながら、データを分析しただけでは意味がない。その結果をどのように解釈して、どのような施策を講じるかが重要であり、その際には依然として経験と勘がモノを言う。

なぜなら、デジタルに算出された分析結果に対して、なぜそうなったのかを根拠づけられなければ、その結果が妥当と判断されることは少ない。特に意外な結果が出たときには、「なぜ」をきちんと説明しなければ、その結果は葬り去られてしまう可能性すらある。

このように「なぜ」をわかりやすく腹落ちするストーリーは、思いつきだけでは難しく、人事領域における経験や勘の裏打ちがないと作成することは難しい。

[立案]

分析結果がわかりやすくデジタルに算出されたとしても、効果的な施策まで自動的に導き出されるわけではない。

例えば、「採用時に問題解決力の点数が○○点以上の人材が将来的なハイパフォーマーとなる可能性が○○%である」という事実がわかったとしても、それを実現するための手段を考えるのは、結局、人間である。これもやはり経験と勘がないと効果的な施策は浮かばない。

また、極論すれば、データ分析の結果はすべて過去から得られたものであり、未来を予測する力には依然として限界がある。したがって、必然的に人の手を借りて未来を構想する必要がある。

例えば、ハイパフォーマー分析に基づいて求める人材像を検討する際に、その結果に過度に依存するのは正解とはいえない。分析結果として出てくるのは、あくまでもこれまでのハイパフォーマーの特徴に過ぎない。したがって、これまでのデータに基づく分析結果をベースとしつつも、今後のビジネス変化や人材像を想像したうえで、今後求められる要素をうまく組み合わせていく必要がある。

つまり、未来に向けた最後の匙加減は、ある程度経験と勘に委ねられており、これを間違えると従来型人材を再生産し続けることにもなりかねないのである。

(2) 自動化・効率化への期待

HRテクノロジーが頻繁に取り上げられるようになり、人材データ分析・活用が有用そうだという感覚は持たれるようになりつつあるが、具体的に何がどこまでできるのかイメージまでは十分浸透していない。

特に予測や自動化に意識が向きがちであり、どちらかというと過剰な期待を寄せられることも増えてきているが、実際には意思決定の精度の向上というメリットが大勢を占めていることは留意しておくべきであろう。

(3)「魔法の杖」待望論

人事以外の領域、例えばマーケティングの世界では、POSデータを分析すると、実は意外な商品が併せ買いされているといった「サプライズ」が得られることもある。そのせいなのか、人事領域でも「どんなすごいことがわかるのか」と思いもよらぬ結果を想像したり、何か驚きがあることこそ意味のある分析の証である、などと期待をされることもある。

ただ、実際に人材データ分析をしてみると、もちろん驚きがあることもあるが、何となく薄々感じていたことが立証されるというケースも多い。一見地味で意味がないように感じるが、そのことが実は大きな意味を持っている。

というのも、実は、多くの人事担当者は日頃からアンテナを張り巡らしており、人事上の課題や対応策がある程度頭に浮かんでいる。つまり、課題に対する答えは人事部内のどこかですでに挙がっていることが多い。にもかかわらず、それらは実行に移されていなかったり、実行されていても中途半端になっていたりする。

なぜなら、それが本当に正しいのかどうか、他にもあるのではないか、確信を持つことができず、結局何から手をつけてよいのかが明確でないのだろう。こうした状況に対して、きちんと優先順位づけをして背中を押すという点で、人材データ分析は非常に有効である。

〔**人事においてよく見られる状況**〕
・人事上の課題対応策に優先順位をつけないまま総花的に取り組んだ結果、リソース不足によって中途半端に終わってしまう。
・人事上の課題対応策のうち、以前から実施していることや、コストが掛からず人事関係者で完結するなどの着手しやすい取り組みから手をつけた結果、期待した成果が得られない。
・人事上の課題対応策について明確な意思決定が行われないまま、個人の裁量に基づいて五月雨式に取り組みが先行してしまい、組織として継続的な取り組みが行われない。

こうした状況に対して、データ分析により、まず問題事象を明らかにしたり、何をするとどのようなインパクトや意味があるのかを明らかにすることができる。

〔**データ分析によってわかること**〕
・問題事象が明らかにする影響を定量化
（例）今、社内のハイパフォーマーの中で、今年度中に辞める可能性のある人材は何%いるのか
・問題事象が発生する要因を定量化
（例）ハイパフォーマー離職に影響を及ぼしている要因のトップ3は何なのか
・具体的な施策によって見込まれる効果を定量化
（例）どのリテンション施策を実行すると、ハイパフォーマーの離職可能性はどの程度減少するのか

その結果、なんとなく頭に浮かんでいた対応策のうち、何からやればよいのかが根拠を持って定量的にわかるようになる。

これは、確信を持てなかったり、どこから手をつければよいかわからなかったために踏み出せなかった人事部門にとってはかなり有効な情報といえるだろう。

〔データ分析によって実現できること〕

・定量的な根拠に基づいて、施策を優先順位づけ

（例）短期的には退職リスクランクの高い社員に対してカウンセリングを実施し、中長期的にはハイパフォーマーの離職を防ぐマッチングルールに基づく異動の実施

・重点課題を解決するために必要な思い切った投資・リソース投入

（例）重点課題に取り組む専任スタッフの配置や人事領域の外部専門家の支援

なんとなくおぼろげに思っていたことが可視化されるというのは、それほど驚きがあるわけではなく、一見大したことがないようである。

しかし、今まで意思決定や具体的な行動に踏み切れなかった人事部門の背中を押すという一点だけでも、非常に有効である。

このような期待効果をデータ分析開始前から関係者の間で共有しておくことが必要である。

第 7 章

これからのピープルアナリティクス

7-1 4つの視点から考える

2016年頃から国内で浸透しはじめたピープルアナリティクスだが、それから数年で人事領域におけるキーワードの1つとして認知されるに至ったことを考えると、今後のさらなる発展が期待される。

では、この「ピープルアアナリティクス」の領域、さらにはそれを扱う人材マネジメントはどのような姿に変容していくのであろうか。

それを考えるうえで、図表7-1にある「データの変化」「ユーザーの変化」「プラットフォームの変化」「ガバナンス・アナリティクス組織の変化」の4つの観点に注目したい。

図表7-1　これからのピープルアナリティクスに影響を与える4つの要素

「データの民主化」
「職場/現場思考」「動的性」が加速

人事のためのアナリティクスから、現場マネジメント・従業員価値向上のための活用が進む

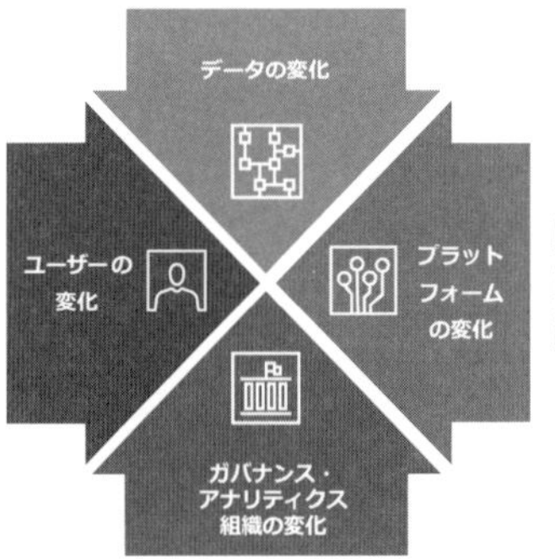

「統一性」「接続性」
「セルフサービス」
「ユーザー思考」が加速

「普及」と「統制」のバランスを
担うことが求められる

出所：PwCコンサルティング合同会社

変化1：データ範囲の拡大と従業員の選択権 ～データの民主化～

1つめの軸となる「データの変化」であるが、これまで述べてきたように、ピープルアナリティクスで取り扱うデータの範囲は日々進化をしている。当初は人事システムに格納されているような動的性の低い異動データ・評価データといったような情報が中心であったが、近年ではパルスサーベイのデータなどを含め、日々の従業員のモチベーションなどの変化を示す動的性の高いデータが分析対象として活用されるようになってきている。

また、健康経営等の観点から、個人情報の共有等の課題はありながらも、本人の体重や体調の変化などを示すような情報を試行的に採取するようなケースも増えてきている。

一部の先行研究などでは、プレゼンティーイズム向上のために、日々の運動と、身体的な変化（血液成分の変化など）などとパフォーマンスを組み合わせて、健康経営における有効性を検証するような動きも出はじめている。

【今後活用が進むことが想定されるデータ領域】

・日々のモチベーション変化情報（パルスサーベイ等）
・日々の仕事の活動情報（メールや会議、周囲とのコミュニケーション情報等）
・身体活動情報（ウェアラブル等から得られる情報）
・健康データ（健康情報やメンタル等の情報）
・ナレッジデータ（アイデアの発展情報等）
・ビジネス/各部門データ（財務データや部門固有情報等）

しかしながら、こうした新たな情報を取ることは、従業員から同意を得るという点において大きな課題がある。より自分の内面をさらすようなセンシティビティの高いデータが注目されることは分析者の観点からいえば望ましいことであるが、一方でその開示に対して拒否感を示す従業員もいるだろう。これらのバランスを取っていくことが人事部門には求められるようになる。

現実的に考えると、様々な新たなデータに対して従業員全員から同意を得ることは困難だろうが、こうしたデータの活用や分析結果に対して、自身のメリットに感じるような社員も存在することも事実である。

この2つの相反する考え方に対して、どのような形でピープルアナリティクスは進化していくのであろうか。

1つの考え方としてあるのが、従業員が自身のデータ開示とそこから得られる分析結果に対して、選択権を持つことである。「データの民主化」ともいわれる考え方であるが、豊富な分析メニューが従業員に開示され、自身がデータを登録することでその結果を閲覧することができ、データ登録を拒否すればデータは登録されず、分析結果は得られないといった、自身のデータを共有するかは従業員個人の判断に委ねられる方法が進むことが想定される。

変化2：データ分析の利活用者範囲の拡大 ～セルフサービスの加速～

2つめの軸となるのが「ユーザーの変化」である。

これまでのピープルアナリティクスは、人事部門や会社側の視点で情報採取をして、組織としての人材マネジメント上の成否を検証するために活用されてきたケースがほとんどである。

しかしながら、データを採取できる範囲には限界がある。そうしたなかで新たなデータセットを獲得していくためには、従業員自身や現場部門が分析内容にメリットを感じられるようにしていくことを考えると、最終的には分析結果は従業員自身や現場部門により開示される方向に進んでいくことが想定される。

ある大手製造業の例を挙げよう。

この会社では、従業員のスキルや過去のデータを長年にわたり自己申告等で採取を試みてきたが、それがうまく機能していなかった。

図表 7-2　ピープルアナリティクスのユーザー範囲の拡大と目指すポジション

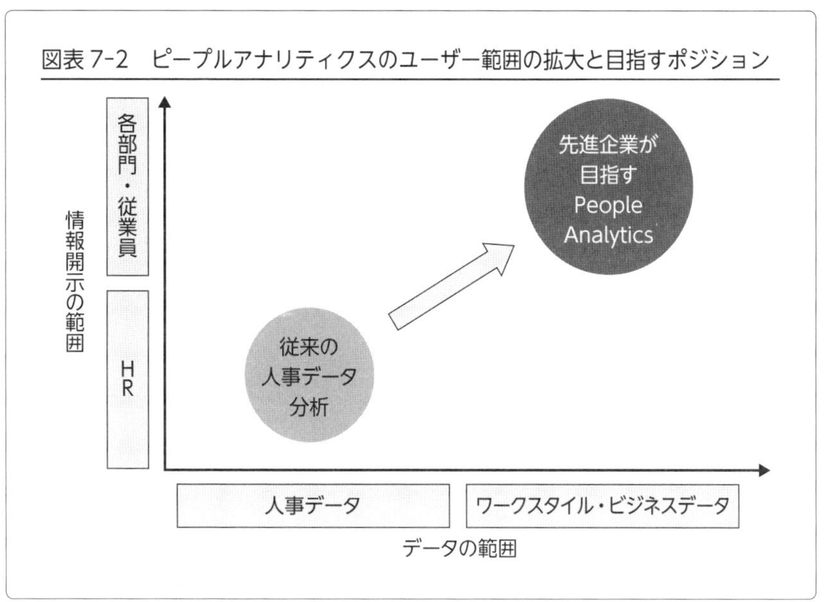

そこで、従業員自身のスキル・経験データ等を自ら入力することで、社内における登用可能ポジションや、将来的なキャリアパスの予測が本人に即時に開示されるシステムを開発した。このことにより、従業員のスキルや経験の情報登録の入力率を 30%ほど改善したという。

こうしたキャリア予測のモデルは、欧米発の人事システムや LMS（Learning Management System：学習管理システム）などにも搭載されていることがあるが、本人が登録しているデータが不完全であるために分析がうまく機能しないことがある。

もちろん、強制的なガバナンスを効かせることにより入力率を上げることは可能であるが、ここでポイントとしたいのは、従業員にメリットのある分析結果を提示することができれば、従業員は自ら望んで情報を提供することもあり得るということである。

いわゆるセルフサービス型のアナリティクスが今後より進化していくことになるわけであるが、これは従業員だけの話には限らず、人事以外の部門や、現場のラインマネージャーに対しても同様のことがいえる。

部門や職場が変われば、当然ながら仕事のプロセスやモチベーションに影響するようなデータ因子も変わってくる。

例えば、営業部門であれば、営業日報のようなものが有用な活動データとなり、生産部門であれば、実際にどのような導線や作業手順で働いたかというような行動データなどが重要な分析要素となってくる。

こうしたデータの活用や分析の方法は、部門ごとに異なっていることが多く、それを人事を仲介しながら進めていくのではタイムリー性を失ってしまう。求められるのは部門や職場ごとの固有性の反映とタイムリー性の維持になるが、そうした場合にはアナリティクスのプラットフォームを現場レベルまで開示し、その中で各現場が情報を付加していき、自ら分析をしていくような方式が求められるようになる。

›› 変化3：データプラットフォームの変化

3つめの軸となるのが「プラットフォームの変化」である。

ピープルアナリティクスを実現していくためには、分析に必要な情報を事前に集約・加工をしていくデータレイクの存在が重要であることは先述したが、「データの民主化」「セルフサービスの拡大」が進むと、これらのプラットフォームを現場に開放していくことも考えていなくてはならない。

ただ、これには開放できる情報とそうでない情報もあるため、情報上の権限管理は厳密に行う必要があるが、それ以上に重要となってくるのはユーザビリティ（使いやすさ）をいかに担保するかである。

現場部門や従業員にデータや分析機能を開示したところで、すべての者がそうした分析リテラシーを持っているわけではなく、現場が使いやすい操作性の高い分析モデルなどをツール化・一般化することが重要になってくる。

近年の欧米などでのアナリティクスの動向を見ていてもそれは顕著になっており、高度な分析よりも、ビジュアライゼーションや操作性にフォーカスしたBIツールなどを多く見かけるようになったのもこうした動きを踏まえてであろう。

・**サービスプロバイダーとしての人事部門への変化**

こうした動きは人事部門に対して、ピープルアナリティクスを自分たちのツールとして捉える観点だけでなく、従業員や現場に対しての分析サービスプロバイダーとしての役割への転換を求めていることと同義になってくる。

近年注目されるようになったEmployee Experience（従業員への価値提供）の考え方とも連動するが、人事部門にとってこうした動きは、より事業価値を高め、従業員を引き付け、エンゲージメントを高めていくために必要不可欠な流れとなっていくであろう。

›› 変化4：求められるピープルアナリティクス組織の変化

4つめの軸となるのが「ガバナンス・アナリティクス組織の変化」である。

ピープルアナリティクスの推進にあたって、国内で多く見られる形態が一時的なプロジェクトチームや、兼務によりある種のサイドワーク的な取り組みである。

しかしながら、本当にピープルアナリティクスに求める組織としての機能を実現しようとすると、この動きでは企業の競争力につながるような分析を行うことは難しい。

そこで、ピープルアナリティクスの実現に向けて、どのようなことが組織機能として求められてくるかについて触れておきたい。

・**アナリティクスの「攻め」と「守り」を維持したガバナンス機能**

アナリティクスを推進していくには、様々なデータが必要になる。そして、分析担当者の立場からすれば、新たな発見を求めるために様々なデータを活用したいという欲も出てくる。

しかしながら、この「攻め」の姿勢は個人情報保護の観点からいえば、大きなリスクがあることに留意しなければならない。ここにおいて重要になってくるのは、こうした「攻め」の姿勢に対してブレーキをかける中立的な「守り」の機能を保有しなければならないということである。

欧州では一般データ保護規則であるGDPR（General Data Protection Regulation）の中で、DPO（Data Protection Officer）と呼ばれるデータ保護責任者の設置を義務づけている。当然ながら分析者自身がこうしたガイドを遵守するのが理想だが、分析者は法律の専門家でもなく、個人の中でこうした「攻め」と「守り」のバランスを取ることを考えるのはなかなか難しい。さらには、ヒトにまつわるデータは、その活用範囲は人事部門だけにとどまらず拡大を広げていく可能性がある。

そうしたなかで中立的なガバナンス機能を立てることは合理的な判断ともいえ、こうした動きが日本国内においても同様の議論が今後なされていくであろう。

・アナリティクス人材の育成と啓蒙をコントロール

ピープルアナリティクスの組織機能としてもう1つ考えておきたいのが、アナリティクス人材の育成機能と、現場での啓蒙活動機能である。

これらのポイント自体は第6章でも触れたが、ピープルアナリティクスの効果が認められれば認められるほど、アナリティクス人材の育成と、現場に対する正しい理解を促進する活動の重要性は高まっていく。

特にグローバル企業であれば、その活動は国をまたがって、育成のためのスキームを整備していかなければならない。

欧米の先進的な企業では、ピープルアナリティクスの専門組織を設置して、20名以上のメンバーにより、データサイエンティストの育成や各国への啓蒙活動などを行う例もあり、こうした組織化された活動こそが、ピープルアナリティクスの推進において重要な要素となる。

7-2 将来に向けて今取り組むべきこと

ここまで、ピープルアナリティクスに関する重要性や実行上のポイントについて触れてきたが、ピープルアナリティクスや、様々なヒトがらみのテーマをはじめとして、これほどまでに人事が注目を集めているタイミングはこれまでそうなかった。こうした環境は人事がその存在価値を示す好機でもある。

また一方で、こうしたテクノロジーを活用した価値提供は、テクノロジーの活用度を企業の価値として考えるミレニアル世代を中心として、従業員や労働市場に対しての企業としての重要なブランディング要素にもなりえる。現在のデジタル時代において、今このタイミングでアクションを起こしておくことが、今後の人事部門の在り方を決めることにもつながろう。

人事担当にとってピープルアナリティクスは大きなトピックということだが、今後、人事部門が取るべき4つのポイントについて、最後に述べておきたい。

›› ポイント1：アジャイルに進める

近年よく耳にするようになった「アジャイル」は、ピープルアナリティクスにこそふさわしい言葉だろう。

実際に分析をすればわかるが、人事のデータ分析において、有用な分析結果が出るのは、100回分析したとしたら、そのうちの2～3割程度だ。「ヒト」に関する分析は、複雑な要因を様々にはらんでいることが多い。「分析をしたら必ず有効な結果が出るという」前提に立っていたら、この活動を進めることはできなくなる。

優秀な分析者ほどこの事実を知っており、様々な検証や失敗を繰り返して、有意な分析結果が出るものだと考えている。

アナリティクスを推進するにあたっては、意思決定者となる周囲の経営者・マネジメント層がこのことを理解したうえで「アジャイル」に進めていくべきだという点に留意すべきだろう。

ポイント2：サービスプロバイダーとしての意識を持つ

今後、従業員から新たな情報を採取することには、様々なハードルが出てくるだろう。こうしたなか、最も重要になってくるのは、データの提供者である従業員にとってのベネフィットをいかに考えるかという「サービスプロバイダー」的な視点である。

従業員から提供してもらった情報に対して、いかにすれば彼ら彼女らの役に立てるかということを考えなければ、データの広がりを追求することはできなくなるうえに、従業員から抵抗感を示されるだけだ。

その回避こそが、保有するデータを最大化するための最短ルートである。

ポイント3：新たなデータソースを考え続ける

ここ数年でピープルアナリティクスが取り扱うデータは、ワークスタイルデータやパルスサーベイのデータなど様々なデータソースに広がり、それが新たな洞察を生み出してきた。

今後、経済環境や労働環境、さらにはテクノロジーが変化していくなかでは、既存のデータだけでは説明しきれないことも出てくるだろう。こうしたときに、その変化に合わせて「新たなデータを作っていく」という視点を強く意識することが重要になる。

分析というと、すでにデータがあるものから行うという意識が強くなりがちであるが、今後においては、新たにデータを蓄積し、数か月または数年にわたってそのデータを使うことで、新たな意思決定モデルを行っていくという姿勢が重要になってくる。

ポイント4：経営・他部門とのアライメントを考える

そして何より重要になってくるのが、経営や他部門とのアライメントである。

ピープルアナリティクスという名称だけを考えると、人事に閉じた仕事と考えがちであるが、実際にはそうではない。

活用するデータソースが、これまで人事部門が所管していなかったものまでに広がってきており、活用ユーザー自体も人事部門の外に及んできている。

今後において、ピープルアナリティクスの主要部門は人事であることに変わりはないかもしれないが、こうした他部門との連携を進めていくためには、部門を超えた経営レベルでのアライメントが必要不可欠となってくる。

不透明性の高いデジタル時代において、企業における人材の価値向上こそが重要であるということは多くの経営者が語るところである。

そうしたなか、ピープルアナリティクスが強力な競争優位源泉となりえるということを、人事のみならず経営・各部門も巻き込んで、今後の活動を推進していけるかどうかがその成否を分ける大きな分岐点となるであろう。

事例編

›› 他社の事例に学ぶ

ピープルアナリティクスが注目を浴びるようになって以来、各社の人材マネジメント領域においても多様なデータの活用や、データという客観的なエビデンスに基づいた人材活用が目を見張るスピードで推進されている。

「では、自社でどのようにアナリティクスを導入すればよいのか？」

ピープルアナリティクスに関心を持たれた経営者や人事関係者のこうした疑問にお答えするため、事例編では欧米、国内で比較的草創期よりピープルアナリティクスに取り組み、順調にその取り組みを発展させてきた企業の実践的な取り組みを紹介する。

「データアナリティクス」や「ビッグデータ」という概念が、人事の仕事のあり方を変えつつある現状を踏まえ、できるだけ早くデータを活用できる体制にしたいと考える企業が急増してきている。しかし、「ピープルアナリティクス」が事業に貢献し、従業員の活躍を支援できるようになるためには、手持ちのデータを闇雲に分析したからといって結果を出せるわけではない。

そこで、ここで紹介する各社から、次のようなことについて具体的な理解が進められたらと思う。

- **ピープルアナリティクスに取り組みはじめるきっかけとなった経営状況や経営課題や事業の状況**
- **どのような課題認識やモチベーションからピープルアナリティクスに取り組もうとしたか**
- **経営課題が変化するなかで、どのように課題解決に取り組み、経営に貢献できると評価されていくことができたのか**
- **個人のキャリア的な視点や人材領域の経営貢献度といった視点から、どのようなモチベーションからのデータ活用の可能性に気づき、取り組もうとしたのか**
- **その際、データ活用に関する許諾、スキル構築、体制構築に取り組**

み、「ピープルアナリティクス」へ取り組む機会や立場を獲得していくことができたのか

アナリティクスの導入を成立させるためには経営の要請に応えるように、人材領域のスキルセットやスタンスを変化させ、扱おうとしているナーバスな情報の活用に対し、データ利活用に関するフィロソフィーを内外に提示して従業員の賛同を好意的に得ていかなければならない。

実践的なケースを通じて、単に分析テーマや手法、精度といった観点だけでなく、「ピープルアナリティクス」が経営的視点から、そして人事のキャリア的視点や従業員への支援的な視点などできるだけ多角的な視点から捉え、それぞれの視点でどのような意味を持ち、どうそれらのステークホルダーに恩恵をもたらすような「人材を活かすデータ活用」を実践していったのかを読み取っていただきたい。

なお、パナリット、セプテーニ・ホールディングス、サイバーエージェント、パーソルホールディングスの4社はピープルアナリティクス&HRテクノロジー協会が取材した事例であり、日立製作所、ヒロテック、リコージャパン、DeNA、サトーホールディングスの5社の事例は日本能率協会マネジメントセンターが発行する人材教育をテーマとする隔月刊誌「Learning Design」2019年11-12月号の特集テーマ「データ人事最前線」に掲載されたものを取材当時（2019年9月）の内容を原則そのまま転載させていただいた。

事例 1

先進企業人事経験者が考える組織のグロースハック
パナリット

アップル、ウーバーで学んだ人事アナリティクスの実践的活用法

インタビュイー　ダニエル J.ウエスト（Daniel J. West）氏
パナリット株式会社　創業者＆CEO

ピープルアナリティクスを成功させるための3つのフェーズ

人に関わるビッグデータを活用し、より良い人事的意思決定を遂行していくことで従業員の幸福度を上げ、それにより全社的なビジネスパフォーマンス向上を目指す様々な施策。その総称がピープルアナリティクスであると語るのは、米アップル、ウーバー、モルガン・スタンレーを含む、世界のリーディングカンパニーで20年以上の人事部長経験を持ち、その後、組織コンサルタントとして、東南アジア/中東諸国のユニコーン企業を対象に人事システムインフラ監修や人事/経営におけるデータドリブンな意思決定をサポートしてきたパナリットCEOのダニエルJ.ウエスト氏だ。

では、いかにしてピープルアナリティクスを成功させるか。それにはまず3つのフェーズがあることを意識する必要があるという。

1つめのフェーズは、現状把握（descriptive）。これは過去のデータを可視化し「社内で何が起きたか」への理解を促すための分析だ。

2つめは、将来予測（predictive）。今までの観測をもとに「これから起きるであろうこと」への示唆を与える。

そして3つめが、処方（prescriptive）。前項のインサイトをもとに「これから何をすべきか」という方向修正を促す具体的なアクションを指す。

いずれの分析フェーズにおいても、"従業員個人情報のデータ守秘義

務”はピープルアナリティクスに取り組むうえで最も重要なことだ、とも話してくれた。

「大前提として、ピープルアナリティクスは従業員の個人情報を使用しますので、それらが守られることがすべてのピープルアナリティクスのツールやプロセスにとっての最重要項目です。分析に使用する従業員個人情報、すなわち、組織で働くうえで取得された従業員データはすべて会社に帰属し、商業的利用目的ではなく会社の運用目的のため、第三者機関やツールにおいて使用することへの合意を個々の従業員から書面で得ている必要があります。トラブルを未然に防ぐためにも、従業員規則や採用応募プロセスにこの点がカバーされていることを確認してからピープルアナリティクスに取り組む必要があります」(ダニエル氏、以下同)

›› 実行効果を高めるための4つのプロセス

また、ピープルアナリティクスを効果的に行うためには、以下の4つのプロセスを正しく踏む必要がある。

①人事データの「収集とデジタル化」

②それらを一元化し、データレイク、データウェアハウスに格納する「集約」

③仮説検証や未来予測のモデリングなどを通じて理解を促すための「分析」

④それらのプロセスで見出されたインサイトを、実際に意思決定を行う現場マネージャーや経営層へリレーする「現場への伝達」

現在、多くの企業がピープルアナリティクスに取り組みはじめているが、実情としてはほとんどの企業が正当なプロセスを踏めていない。エンゲージメントのデータを評価データやその他のデータと組み合わせない状態で独立して分析をしたり、また分析結果を経営層には報告するものの、実際に現場の意思決定をしているマネージャーたちには伝えられていなかったりする。これらは本来ピープルアナリティクスと呼べるものではなく、いわゆるレポーティングでしかないと、ダニエル氏は懸念する。

›› 不完全なデータに基づいた意思決定がもたらす認知バイアス

ダニエル氏は前述の4つのプロセスの説明の中でデータ収集に関することに言及したが、「人事データ」とひと言でいっても実は膨大な種類があることを認識しておかねばならない。ここに掲げた図は、従業員ライフサイクルと呼ばれるものである。

事例 1-1　従業員ライフサイクル

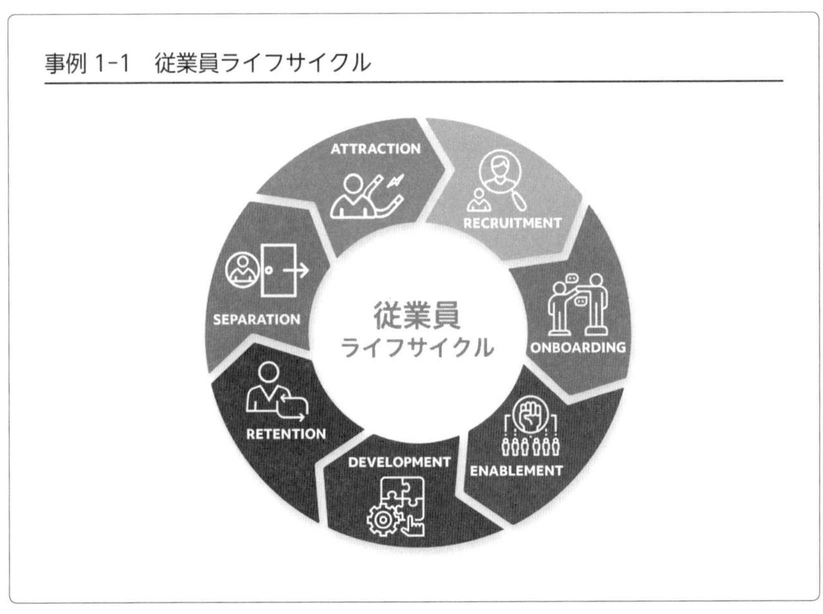

企業と従業員の関係は「採用」「研修」「給与」「評価」「賞与」「昇給」「エンゲージメント」、そして「離職」に到るまで実に様々なタッチポイントが存在する。それぞれのデータを1つの場所に集めて効果的に分析できる状態に一元化するだけでも難しいが、それをさらに分析するとなると、いかに困難かがわかる。これがピープルアナリティクスを始めたくても始められない大きな理由の1つだという。

また、不完全な人事データをもとに意思決定すると、様々な認知バイアスが生じるとも言われている。これは企業がピープルアナリティクスに取り組まないことで起きている隠れた問題点でもある。

「皆さんの周りでも、このようなバイアスを感じたことはありませんか？　例えば､評価｡前回の評価期から現在に至るまでの実績を示すデータポイントをそろえたうえで下される評価、これが本来、正当な評価とされるべきです。

しかし多くの場合、評価時の直前で頑張った人が高く評価される傾向があります。これがいわゆる“直近バイアス”と呼ばれる認知バイアスの一種です。認知バイアスは評価だけでなく、人事における様々な意思決定に生じているとされます。採用においても、人材施策の導入においても、様々な認知バイアスが散見されています。

このような認知バイアスが特に人事の意思決定には発生しやすいことが、人事に対して不満を抱える従業員が後を絶たない理由の１つだと考えます」

›› 先進企業アップルとウーバーのケース

ダニエル氏は、これまでの経験の中でとてもシンプルでありながら、マネジメントや経営に多大なインパクトを与えたピープルアナリティクス事例をいくつも見てきたという。そのうち、先進２社についての概略を語っていただいた。

【アップル】

俯瞰的に財務・人事データを捉えることでトラブルを未然に防止

なかでも、最も価値のある事例の１つがアップルだという。

2002年から2003年、アップルは財務的に非常に厳しい状況に置かれていた。株価は１ドル付近を推移し、キャッシュが枯渇。やむを得ず従業員のボーナス、そして給与までを職務等級にかかわらず、４年間でベスト（株を売却する権利が確定）するストックオプションで支払っていた。しかしその後４年をかけ、事業は多くの変革と成長を遂げた。

そして2006年のある日、人事部がストックオプションと従業員の関係性を分析したところ、2003年から2006年にかけて株価が2300％上昇しており、年内にストックオプションをすべてベストする予定の社員が数百人単位でいることがわかった。シリコンバレーではストックオプションがすべてベストするのを待ってから社員が一斉に辞めるということも珍しくない。このアップル億万長者予備軍が、一斉に株を売却して退職したらどうなるのかと危惧された。

そこでまず、これらの対象社員が会社の中でどういう立ち位置かを把握するために、人事データと評価データを参照した。すると、勤続年数の長いこれらのベテラン社員はチームの中でも最も重要なメンバーであり、会社の文化醸成にも貢献していることがわかった。

ここから、対象社員のエンゲージメントサーベイの結果も参照しながら、「彼らのような優秀なベテラン社員が今後も会社に残ってもらうためにどうすべきか」といった調査がスタートする。

「彼らは金銭的な欲求はすでに満たされており、希望の職種にも就いていました。しかし、調査によって浮き彫りになったのは、彼らの多くが（昔に比べて）承認プロセスが長引いたり、ペーパーワークが増えていることに象徴される“大企業化”に不満を感じていたことです。

その結果をもとに、承認プロセスを簡潔化し、書類作業を減らすことに注力した人事制度改革を全社的に行い、結果的に懸念されていた一斉退職は避けられ、また会社全体の満足度を底上げすることにも貢献しました」

これは、ひとえに財務・人事・評価・エンゲージメントなど、一般的に散らばっているデータが分析しやすい状態にあり、すぐにアクションできたからこそのサクセスストーリーだとダニエル氏は言う。

【ウーバー①】
面接官の“目利き力”見極めによる採用精度の向上

2014年から2015年にかけてのウーバーは、従業員を3000人から8000人に急増させ、いわば「採用マシーン」状態だったという。この時期の同社採用チームは、採用者数以外にも2つの指標を重要視した。

採用した人のパフォーマンスが入社後高かったかどうか、そして採用した人が定着したか。この2点だ。

この2つの軸で「長期的な採用の質」を測るためにまず取り組んだのが、採用時の候補者データベースと従業員データベースとの連携だ。これを行うことにより、過去12か月の間に採用された従業員が1年以内に離職していないかどうか、そして入社後のパフォーマンスが高いかどうか、分析できるようになった。

このリサーチ結果から、面接官の目利き力が明確に採用の質に影響しているとわかった。具体的には、目利き力トップ10パーセントの面接官が採用した従業員の9割は入社後トップパフォーマーであったこと、その一方で、ボトム10パーセントの面接官が目利きした従業員の9割は入社後1年以内に離職していることが判明した。これほど顕著に採用の質が面接官に左右されるということがわかったのだ。

このことにより、ウーバーはボトム10パーセントの面接官を面接プロセスから排除し、またトップ10パーセントの面接官はオファーレビューなども含め、より広範囲に採用プロセスに貢献してもらうことにした。この施策が採用の精度を飛躍的に向上させることになったのである。

これは同社独自の取り組みだが、採用データと入社後のデータを紐付け、そこからのインサイトを採用プロセス設計に活かす施策は多くの企業にも活用でき、ウーバー同様のメリットが享受できるとダニエル氏は指摘する。

【ウーバー②】
行動データから読み解く、従業員の離職サイン

もう1つ、ウーバー社の事例を紹介する。

同社は、離職予測の精度を高めるために、コミュニケーションのメタデータの分析に取り組んだ。これはあくまで、メールやチャットのタイムスタンプ、送信者・受信者のアドレスデータをメタで解析するOrganizational Network Analysis（ネットワーク分析）と呼ばれるもので、コミュニケーションテキストの内容を分析するSentiment

Analysis（感情分析）を含むものではない。

この分析によって離職者が実際に退職する3～4か月前から、コミュニケーションツールから取れる行動データに明らかに変化が起きていることがわかった。変化は、退職する従業員のコミュニケーション対象が以前より明らかに少なくなり、その狭まったネットワーク内でのコミュニケーション量が増えることを捉えた。

また、分析対象の退職者のうち100名と面談して、彼ら彼女ら自身は自分たちのコミュニケーションの行動変化、すなわち自分たちのコミュニケーションの範囲が狭まっていることを認識してはいなかったことがわかった。

「退職する1か月前から退職を決意していたものの、実は3～4か月前から行動の変化をデータは確実に捉えていたのです。つまり、この予兆を事前に把握できれば、離職防止対策にかけられる時間的猶予を60～90日分も得られることになります」

同社のピープルアナリティクスチームはこの結果を用い、退職の危険性を検知した際に様々なナッジ（意識を変革に導く仕掛け）をシステムから自動送信し、離職予兆のある従業員を社内のネットワークに再度つなげる取り組みを試みたという。

»ピープルアナリティクス最大の落とし穴

ピープルアナリティクスの失敗事例について振り返る際、分析途中の計算ミスが原因となることは実はとても少ないとダニエル氏は言う。仮にあったとしてもそれが現場に伝わるまでのレビュープロセスでキャッチできるものがほとんどだ。

実際に多く発生する失敗は、分析結果の伝達と現場への実行が多いようだ。前述した4つのプロセスの最後の部分、「現場の意思決定者へ分析からきたインサイトを伝達し、アクションしてもらう」。実はこのラストワンマイルに最大の落とし穴が潜んでいる。

ウーバーには、グーグルやセールスフォースのピープルアナリティクス部門で経験を積んだ優秀なアナリストが多数在籍している。彼らの分析結果は、経営層や人事部にはBIツールを通して伝達されていたが、残念なことに現場のマネージャーに対して、彼ら個々の意思決定を左右する有益なインサイトを伝達する方法は持ち合わせていなかった。

結局、企業内の日々の人事意思決定を変えるには、現場の意識を変えることが不可欠だ。ピープルアナリティクスのラストワンマイルを埋めるための手段がないこと、これこそがウーバーだけでなく多くの企業が直面している課題だというのがダニエル氏の見解だ。

›› ピープルアナリティクスに取り組む際のテクニカル面での課題

近年、多くの企業の人事部がピープルアナリティクスを意識しはじめており、日本の大企業の79%が人事データの活用に興味を示している（データの出所：PwC調査「ピープルアナリティクスサーベイ調査結果 https://www.pwc.com/jp/ja/knowledge/thoughtleadership/2018/assets/pdf/ピープルアナリティクス-survey2017.pdf）。

しかし、取り組みはじめたものの、道半ばで壁に直面する企業も少なくない。これを避けるには、人事データの、マーケティングやファイナンスのデータと若干異なる"特殊性"を理解することだ。人事データの特殊性に起因する、実行時のテクニカルな留意点を以下に列挙する。

①データの特定と収集
②データの一元化時のロジック設計
③空白項目の取り扱いのロジック
④データを現場に伝達するうえで重要なセキュリティのヒエラルキー設計
⑤多様なカルチャーに対応できていないHRシステムにおけるデータ課題の整備

「いくつか具体例を挙げましょう。例えば、データ収集時の代表的な課題に、採用管理システムと人事システムのデータ連携があります。ほとんどの企業が、採用管理システム上の候補者データを、候補者が入社した後の情報を捉える人事データに連携できていません。ある従業員が採用時に何度面接をしたか、面接時にどう評価されたか、誰に面接されたか、など後々のパフォーマンス分析に必要な情報の多くがこれによりロストされてしまいます。

また、各種人事ツールから必要データをAPIにより中央データベースに収めること自体はそれほど難しくはありません。しかし、様々なシステムから中央データベースに情報を引っ張ってくるだけでは多くの重複項目ができるでしょうし、一元化され効果的に分析を行えるデータウェアハウスとはいえません」

データの一元化は、第1に、すべてのシステム上の同じ個人を特定できる状態であること。第2に、データのミスマッチが起きた際、どのシステムの情報を正とするかが明確なロジック設計がされていること。そして第3に、従業員情報の変更日時が正確にすべてのデータセットに反映されている状態を保つこと。この状態をつくることが重要であるという。

さらに、人事データの構築において最も基本的な必須条件に、レポートラインのヒエラルキーによってセキュリティ設定が可能なことが挙げられる。

人事データにおいて、ほとんどのユーザーアクセス許可設定は、レポートラインのヒエラルキーが起点となる。このバックエンドの構築を誤ると、フロントラインのユーザーがデータにアクセスする際に、データの信頼性が損なわれたり、スピードの問題が生じたりすることになる。

人事データのハンドリングを経験したことのないデータエンジニアがシステム設計をした際この点を見過ごすことは多く、のちのちトラブルになることが少なくないという。

ダニエル氏は最後に文化面での課題を挙げた。

「これは多くのアメリカ発祥の人事システムがグローバル化するときに直面する課題です。従業員の名前を例に挙げましょう。アメリカではファーストネーム、ミドルネーム、ラストネームで名前が定義されていて、非常にシンプルです。ところが中国にはミドルネームはなく、ファーストネーム、ラストネームのみです。これでは多くの従業員が同じ名前を持つことになります。日本では漢字、読み仮名、ローマ字で名前を記録したりします。南アメリカでは法律上は父親のラストネームを使うのですが、ほとんどの人は日常的に母親のラストネームを使います。名前の取り扱いひとつをとっても人事データは複雑です。さらに、国ごとの労働法や文化に合わせて様々な人事ワークフローがあることを考えると、いかに人事データが複雑かイメージできるかと思います」

これらの人事データ特有のユニークな複雑性を理解して臨まないと、のちのち苦労することになるということだ。

›› ピープルアナリティクスはどこから始めるべきか

ここまでのダニエル氏の話の要点を整理すると、ピープルアナリティクスは従業員幸福度向上のための手段であること。データが特殊かつ複雑で、様々なシステムに散乱して管理されている課題。離職の早期予測や採用の効果測定を行うため、世界的な有名企業もピープルアナリティクスに取り組んでいること。そしてピープルアナリティクスの失敗は計算方法のミスではなく、現場への実行時により多く見られること。以上のようになろう。実に、様々な示唆を与えてくれるが、実際にピープルアナリティクスを始める際に最も気をつけるべきことは何か。

それは、最終的な現場へのアウトプットをイメージして、システム設計でも現場の巻き込み方でも、はじめの一歩を正しく踏み出すことだろう。

このことを念頭に置き、正しく活用できれば、ピープルアナリティクスは無限の力を発揮するものだと、ダニエル氏は最後に述べてくれた。

パナリット株式会社

ピープルアナリティクス専用のBIプロダクト『パナリット』を提供し、既存の人事システムやデータファイルに連携するだけで、企業に眠る人データを活用可能にする。人事アナリティクスやエンジニアリング部隊を持たなくても、どのような規模の企業でも簡単にピープルアナリティクスに取り組めることを目指す。

本　社：シンガポール（日本支社：東京都中央区）

設　立：2017年9月17日

資本金：1億2000万円

事例 2

データ活用は個人の成長のための一手段

セプテーニ・ホールディングス

米国プロ球団の再生物語『マネー・ボール』に気づきを得た取り組み

インタビュイー　進藤 竜也 氏
株式会社セプテーニ・ホールディングス 人的資産研究所 所長

人材獲得競争のなかでの若い才能の発掘と育成

セプテーニ・ホールディングスがインターネットマーケティング事業に注力しはじめた2000年頃、同社の置かれているIT業界では熾烈な人材獲得競争が起きていた。事業拡大のためにはITに精通した人材が不可欠だが、まだ市場にはそうした人材が少なく、十分確保するには困難を極めていた。

そうしたなか、同社代表の佐藤光紀が、統計学の手法を用いて米国メジャーリーグで強豪チームをつくり上げたノンフィクション『マネー・ボール』（マイケル・ルイス著、中山宥訳、ランダムハウス講談社）を読んだことで、人材獲得競争を勝ち抜くのではなく、自社の文化や環境に合った若い才能を全国から発掘して育成することに気づきを得た。この発想の転換が、同社が人事データの本格的な活用を始めるきっかけとなった。

では、具体的にどのようなプロセスで、『マネー・ボール』の考えをピープルアナリティクスへと転換させていったのか。

導き出された人材育成方程式

まず、人材と職場の相性が人材育成に影響するという仮説を立て、人材育成方程式というコンセプトを作り上げた。

G＝P×E〔T＋W〕

G：Growth（成長） P：Personality（個性） E：Environment（環境）
T：Team（チーム） W：Work（仕事）

「端的に言うと、環境（E）とは人間関係（T）や仕事（W）の内容を指し、従業員の個性（P）と環境（E）の相性が成長スピードに影響するということを表しています。個々に合った環境を提供することで、効果的な成長を促す取り組みを定量データで実現する試みです。上司と相談した結果、全社員からのデータ取得を目指そうということになりましたが、ITベンチャーであったとしても、全社員に協力を得るのは容易ではありません。そこでトライアルの意味も込めて、比較的自由度が利く新入社員のデータを集めることからスタートしました」（進藤氏、以下同）

手始めとして彼らが着目したのは、新入社員のパーソナリティと配属先の環境だった。どのような個性を持つ人材が、どのような環境で仕事をすると、どのような成長を遂げるのか。1年間の分析結果をレポートにまとめ、そこで生まれた仮説を次の1年間で検証する。

また、同社では、創業当時から「個人がある環境に配属されたとき、どのぐらい成長したか」を測ったデータがすでに蓄積されており、これら過去の成長ログも基本ロジックに組み込みながら、徐々に分析精度を高めていった。

「重要なのはこの方程式を正確に表現できるデータをいかに収集していくか。例えば、ひと言で『成長』といっても、数字に表せない業務もあるはずです。そこで角度を変えて、他の従業員からの『評判』を数値化しています。もちろん、偏りをなくすために、1人につき数十人の同僚から評価を受けることが基本です。また、個性や環境に関する情報も数百種のデータ量となり、この方程式の精度を担保しています」

この方程式をうまく使えば、個人が最も活躍できる、あるいは将来的な成長が望めるポジションを導き出すことができるという。

›› データが本領を発揮する４つのシーン

では、こうしたデータは具体的にどのような場面で活用されているのか。大きく分けて４つあるという。そのうちの１つが「採用活動」だ。

過去の自社データから対象者の３年後のパフォーマンスや定着可能性が予測できるようになったことから、有望な人材を狙い撃ちした効率的な採用活動が可能となった。その予測精度の高さを物語るように、同社では履歴書の収集を一切廃止している。代わりに、オンラインアセスメントを実施することで、より自社の文化や事業にマッチした人材を初期の段階から探り当てることが可能になった。これをうけ、2017年からは、遠方学生向けにオンライン上で完結する選考フローも提供している。

次に、「適応」。対象者が将来的に最もスムーズに適応できる配属先の選定を、これも過去の自社データから科学的に算出する。

３つめが「育成」。これは、主に現在の社員の状態を把握することで、よりパフォーマンスを発揮するためのジョブローテションや最適なトレーニングの実施などにデータを役立てている。

そして４つめが、「アルムナイ・ネットワーク」。すなわち、退職者との関係維持である。同社の“卒業生（アルムナイ）”となってもキャリア支援を継続し、退職者との関係を維持し続け、再雇用しやすい環境をつくっている。

実際の成果として、2020年度の採用活動では2017年度と比較すると、遠方学生の採用シェアは４パーセントから55パーセントへ、遠方学生の選考参加者は70人から650人へ、内定率は５パーセントから15パーセントへと大幅にアップしている。こうして、全国から有望な人材を効率的に発掘し、早期戦力化した新卒社員の割合も３年間で２倍に向上させている。

一見するとデータ至上主義のようなクールな印象を受けるかもしれないが、求職者においても取り組みの積極的な公表およびデータのフィードバックを通じて、同社の取り組みを好意的に受け入れているという。その証左に、データに基づく個別フィードバック開始以来、内定辞退率が半減している。

「当社の活動の根っこには、方程式に表されているように個人の成長にフォーカスする揺るぎない信念があります。優先順位としては、まず個人があり、次に組織がある。そしてデータ活用は個人の成長のための一手段であることを、事あるごとに対象者の方々に伝えてきました。当社のコーポレートサイトをご覧いただければわかるとおり、採用や配置、育成にデータを活用していることを公表しています。データの取得についてもエントリーの段階から詳細なプライバシーポリシーを掲示しており、合否を問わず、分析結果を隠さずフィードバックしています。こうした姿勢は他社との差別化にもつながるようになりました」

›› “信頼”という壁を突破するためのカギ

進藤氏は現在、2016年に社内に設置された人的資産研究所所長として、人材育成方程式をシステム化した「HaKaSe」を運用する傍ら、組織の人的資産を定量化するプロジェクトにも取り組みはじめている。同社の人事がこうした成果を収めることができたのは経営層をはじめとしたステークホルダーからの支援と信頼があったからだ。ピープルアナリティクスに臨もうとする多くの人事関係者の前に立ちはだかる“信頼”という壁。これを突破するために何が必要だったのだろうか。進藤氏は次のように話す。

「最大のポイントはやはり自分たちの取り組みがどれだけの価値を創出しているか、数値で検証していくことだと思います。小さく始めて、その成果をきちんとステークホルダーにレポートしていく。そのための研究レポートや論文も毎月のように社内外へ配信しています。また、いま新しく取り組んでいるのは、組織の稼ぐ力の可視化です。いくらの投資に対して、稼ぐ力がどれだけ伸びたか、それによって全体でどれだけのリターンがあったか。角度を変えれば、これまで難しいとされてきたピープルアナリティクスの業績貢献度を具体的な金額で表していくことも可能なはずです」

›› 会社や社会を変えるほどのインパクトが、ピープルアナリティクスに秘められている

人材獲得競争を勝ち抜くのではなく、自社の文化や環境に合った若い才能を全国から発掘して育成する。『マネー・ボール』の発想で課題解決を目指してから、人が成長する仕組みを体系化するまでおよそ10年。実に根気のいる活動だったはずだ。しかも、その活動は現在も継続中だ。

「人が科学的に成長していく仕組みを構想した私の上司も、私自身も、ピープルアナリティクスに取り組んでいるという意識はありませんでした。純粋に、多くの社員が成長する環境をつくり、競争の激しいインターネット業界で生き抜こうという試行錯誤が、現在のピープルアナリティクスにつながりました。そして、これから人手不足がますます深刻化していく日本においても、多くの人材が成長する環境をつくることができるピープルアナリティクスは大きな価値に変わっていくことは間違いありません。そういう意味で、会社や社会を良くしたいという強い想いを持っている人事関係者の方はぜひピープルアナリティクスに挑戦していただきたいと思っています。そして互いに情報交換をしながら、日本が抱える課題の解決に取り組んでいけたらうれしいです」

その言葉のとおり、セプテーニ・ホールディングスは自社のウェブサイトをはじめ、様々なメディアを通して、積極的にこれまで培ってきたノウハウを公開することでCSR活動を推進している。

株式会社セプテーニ・ホールディングス

インターネット広告を軸とした包括的なマーケティング支援サービスを提供する「ネットマーケティング事業」、マンガ配信サービスの運営をはじめとした「メディアコンテンツ事業」、「新規事業」という3つの柱を軸に、事業を展開する。

資本金：21億2,000万円

連結従業員数：1,441名（2018年9月末現在）

事例
3

マーケティングスキルを人事に活かす
サイバーエージェント

社員と組織のコンディションを5段階の天気マークで把握する仕組み

インタビュイー　向坂 真弓 氏
株式会社サイバーエージェント インターネット広告事業本部人事プラットフォーム局

人事にデータを活用しはじめたきっかけ

サイバーエージェントの人事部がデータ活用を始めたのは2013年のことだ。それ以前からも同社は、研修にはそれほど重点を置かず、ミッションやポジションなど、機会を与えることで社員の成長を促してきた。しかし同時に、社員数の増加に合わせ、部署を横断した人材配置が容易にいかなくなるといった課題を抱えるようになる。会社が成長していくにつれて閉ざれていく組織ではなく、適材適所をさらに加速していける組織であり続けるために、経営会議ではあらゆる施策が話し合われた。

そして、ある役員から「月に一度全社員を対象としたアンケート調査を実施してはどうか」という意見が出される。

これがきっかけとなりスタートしたのが、同社独自の全社アンケート「GEPPO（ゲッポー）」だ。GEPPOは、社員一人ひとりに「個人」と「チーム」の状況を問うもので、「快晴」から「大雨」までの5段階の天気マークを選んで回答してもらう。また、最後の設問は自由回答で、意見や要望を自由に書き込めるよう作成されている。1、2分で回答できるきわめて単純なアンケートではあるが、だからこそ社員も気軽に答えることができる。

「回収されたアンケートを閲覧できるのはごく一部の社員です。取締役と、部門間をまたいだ人事異動を役員会に提案するキャリアエージェントという社内ヘッドハンティングチーム、この二者のみ。社員の本音、つまりはデータの信頼性を担保するためにも、社員との約束の厳守は譲れないという想いでGEPPOの運用に取り組んできました」

そう話すのは、当時、同社で人材科学センターに所属しながらキャリアエージェントも兼任していた向坂真弓氏。

分析の結果、気になる社員がいた場合はキャリアエージェントチームで対応を相談したり、チーム全体が曇り傾向などの場合は役員会にその旨を書いたレポートを提出したりするが、現場の人事やマネジャーに直接伝えることはない。これは社員との約束で、GEPPOが人事評価に使われるのではないかと社員が感じた瞬間、本音では答えてくれなくなるからだ。ゆがみが生じたデータにはほとんど価値がないと、向坂氏は言う。

そうした理由から、GEPPOに寄せられた社員の声は、基本的には個別の課題に対応するというよりも、個人やチームの「コンディション」や「キャリア志向」を把握するために使ってきた。

社員と会社の信頼関係のうえで運用されてきたGEPPO。社員も肯定的に捉えており、回収率は2013年のスタート時から95%以上をキープし続け、2019年には100%を達成した。

›› 全社アンケート「GEPPO」から何を読み取るか

GEPPOは面白いほど鮮明に「個人」と「チーム」の状況を伝えてくれたと向坂氏は言う。

「当社の事業特性上、サービスの開発期間が2、3年近くかかるものも珍しくないのですが、売上がまったく上がらない期間、メンバーの状況は常に雨マークが続くことがあります。ところが、サービスがリリースされて売上が跳ね上がった途端、メンバーの状況は一気に晴れマーク一色となるといったケースがあります」(向坂氏、以下同)

特に興味深かった事柄は、2013年から途切れることなく取り続けてきたデータに、大きな変化がなかったこと。晴れ、曇り、雨の構成比はほとんど変わらず一定だった。それが実態であり、健全なのかもしれないと向坂氏は感じるようになった。

「晴れが100パーセントであればそれに越したことはありませんが、

全員が全員、現状に満足しているといったアンケート結果が、本当に組織の実態を捉えているのかと聞かれれば、疑問です。つまり、GEPPOは、どこまでいっても社員の“主観データ”でしかないのです。私たち人事はここをしっかりわきまえておかなければなりません。“主観データ”をいかに料理していかに経営に役立てるか、こうしたアプローチがとても重要なのです」

では、主観データが中心のGEPPOを、個人とチームの状況把握以外にどのように活用できるのか。それは、勤怠や異動履歴、社員の属性などの“客観的データ”と掛け合わせることではじめて見出されるという。

「先ほど、雨マークばかりのチームがリリースをきっかけに一気に晴れマークに変わったというお話をしましたが、仮に、売上が上がってもなお一向に雨マークが続いているとしたら、そこには何か別の問題が潜んでいる可能性があります。そうした組織課題を多角的な分析から発見すること。これも私たちの役割であり、GEPPOから得られる最も大きな価値の1つです」

データが経営にもたらす本当の価値とは

GEPPOの分析を含めたピープルアナリティクスによって、どれだけ業績がアップしたか、KPIをどれだけ達成できたか、その成果を具体的な数値で表わすのは簡単ではない。仮に退職者数が減ったとしても、ピープルアナリティクスだけの成果だと考えるのは少し強引過ぎるだろう。ただ一つ、確かな手応えとして向坂氏が感じていたのは、経営陣から人事に対するオーダーが増えたことだ。

「それまでの経営会議で話されていたのは、このチームは売上が上がっている、または下がっているといった業績の話が中心でした。そこにチームコンディションに関するデータを提供することで、このチームは売上が上がっているが、コンディションは下がっている、その要因は何か？という深い議論に変わってくるのです」

経営会議で話し合われた組織的な課題を「異動」という薬で治すか、あるいはコミュニケーションで対応するか、最終的な判断を下すのは役員や上長だという。向坂氏らは、あくまで判断材料を提供するだけで、人事が闇雲に計算して、例えば人材配置の場面で「AさんよりBさんのほうが適任だ」といったような進言はあえてしてこなかった。それは、サイバーエージェントに「最後は本人の意志を何よりも尊重する」といった確固たるポリシーがあるからだ。

›› 本人でさえ自覚していない才能を生かせる土壌

同社にはその事業特性から、適材適所を加速できるだけの土壌が広がりつつある。その一例を向坂氏が紹介してくれた。

「広告代理事業で営業をやっている社員が、GEPPOへの記入をきっかけに、麻雀やスポーツなどの特技を生かせるAbemaTVに異動するというケースが出ています。インターネット産業にはあらゆる可能性があるので、現業とは関係なさそうな趣味嗜好やスキル情報が時として役立つと考えています」

麻雀という特技が仕事に生きるなど、本人でさえ想像しえなかっただろう。ここがインターネット産業のいいところだと向坂氏は言う。普通はくすぶって辞めてしまうような社員の内側には、思わぬ才能が眠っている。人事として、なるべくその才能を開花させてあげたいという想いで向坂氏は社員と向き合ってきたという。

›› ファクトで経営を動かし、社員を幸せにする

マーケターとしてのキャリアを積んできた向坂氏が、当時まったくの未経験だった人事の職に就き、マーケティングのスキルを生かすようになったのは2016年のこと。それから今に至るまで、一度として自分の分析に自信を持ったことはないという。

「なるべくフラットで多角的な分析に取り組んできたものの、心の内は常に不安でいっぱいでした。同時に、不安なくらいが正常であると自分に言い聞かせてもいました。なぜなら、私たちが見ている数値の向こう側には、人ひとりの人生があるからです」

マーケティングの分野にはデータ至上主義のような人が少なからずい

て、その分析精度を競い合うようなシーンもしばしば目の当たりにする。しかし、組織とは人の集まりであり、生き物である。日々変化していくのが当たり前で、1つの解に縛られてしまった瞬間、組織の実態はたちまち見えなくなる。

一方で、社員の幸福追求だけに偏ってしまえば、人事のプレゼンスを向上させることはできない。会社の業績と社員の幸福、2つの天秤の間で揺れることの多い人事だが、大前提はやはり必要だという。

「"良い人事とは、会社の業績に貢献できる人事だ。そのためにもファクトで語れる人事を育てたい"。これは、私が人事という職に就いた頃、上司からもらった言葉で、今でも大切にしています。どの企業の人事担当者も社員がいかに幸せに働けるかを追求し、尽力されている。もちろん私自身も、社員の幸福を強く願ってきました。しかし、私たち人事に力がなくては社員の幸福は叶えられません」

ファクト、それは経営を動かすための説得材料であり、社員を幸せにするための力である。その根源となるデータをいかに活用していけるか、自問自答を続けることが大切であると向坂氏は言う。

»経営と現場、両方に精通したアナリストへ

サイバーエージェントの人事には、会社全体を管理する「全社人事」と各部門を管理する「部門人事」の2つの階層がある。経営に近い役割を担うか、現場に近い役割を担うか、という違いこそあるが、適材適所を加速させるという目的は同じだ。2016年から2018年まで、向坂氏は全社人事として、主に全体数値の分析に力を入れてきたが「もっと現場で働く人のことを知りたい」という想いから、部門人事に異動した。現在は、より現場に近い立場でピープルアナリティクスに取り組んでいる。

「全社を見ていた頃、現場感覚を忘れないように心がけてきましたが、実際に現場に入ってみると、やはり今までとは違う新鮮さがありました。それまでデータでしか見ていなかった社員がすぐ目の前で働いている。この実感は、人事という仕事の責任の重さを思い出させてくれ、今まで以上に私を奮い立たせてくれました」

前述のとおり、社員との約束で、キャリアエージェントの立場から離れた瞬間、GEPPOのデータを見ることは叶わなくなった。その代わり、現場にはたくさんのデータが落ちていることに向坂氏は気づく。

例えば、現場の人事担当者たち独自に実施していた社員アンケートであったり、すぐ隣には経営管理の担当者がいて、個々の目標数値と実際の成果、業績、売上などのデータを持っていたりもした。新しいことに取り組めそうな材料はすでにそろっていたのだ。あとはフォーマットや指標などバラバラの状態のデータを統一させるだけだ。

現在の向坂氏は、まだデータを整理している段階だというが、近いうちには、あらゆる切り口で個人やチームの状況を可視化・分析したいと考えている。そして、ゆくゆくはコンディションとパフォーマンス、どちらもベストな状態を保てる働き方や仕事配分のカタチを見つけてみたいと情熱を燃やしている。

今からピープルアナリティクスを始める方々へ

これからピープルアナリティクスを始めようとしたとき、分析を始めるためのデータレイクが整っていないことが大きな障壁となるかもしれない。データの種類もシステムも刻々と変わっていくなかで、多くの人事担当者がデータレイク整備のハードルの高さに躊躇してしまうのが現実だろう。だからこそ、スモールスタートを前提としてほしいと向坂氏は言う。目標に合わせた小さなデータマートをその都度整えていく。それくらいの姿勢で十分であり、向坂氏自身も現在その段階にいるという。

最後に向坂氏に、ピープルアナリティクスに取り組むうえで必要なスキルとは何かを聞いてみた。

「専門的な知識や技術はそれほど必要ありません。強いて挙げるなら2つのスキルが求められると思っています。そのうちの1つは“巻き込む力”です。社内のいろいろな人からデータや情報を提供してもらったり、そのデータをエンジニアに整えてもらったり、アナリストに分析をお願いしたり。アレンジすることがとても多い仕事なので、どんどん人と会って彼らを味方にしていく、そんな力です。

そして、もう1つが“フラットな感覚”です。これは人事に携わってきた方であればすでに備わっている感覚かもしれません。データから入った人はついデータを過信しがちです。しかし、私たちはデータ屋ではなく、あくまで人事であることを忘れてはいけません。1つの角度に偏ることなく、データを冷静に評価して、そこに自分の感覚や周りの声をぶつけていく。そうしたフラットに物事を判断していく感覚を保つことは案外難しいのです。

データと人、組織と個人、業績と幸せ。ピープルアナリティクスに取り組むうえで、木を見て森を見るようなバランス感覚をぜひ大切にしていただきたいと思います」

株式会社サイバーエージェント

「21 世紀を代表する会社を創る」をビジョンに掲げ、インターネットテレビ局「AbemaTV」の運営や国内トップシェアを誇るインターネット広告事業を展開する。

資本金：72億300万円（2019年9月現在）

連結売上高：4,536億1,100万円（2019年9月現在）

連結従業員数：5,139名（2019年9月現在）

事例 4 データ活用と人事のスタンダードにするために
パーソルホールディングス

人事領域における社内コンサルタントとしてのプレゼンスを確立

インタビュイー 山崎 涼子 氏
パーソルホールディングス株式会社グループ人事本部人事企画部人事データ戦略室室長
藤澤 優 氏
パーソルホールディングス株式会社グループ人事本部人事企画部人事データ戦略室

膨大なデータを人事領域で生かすために

パーソルホールディングスが人事施策でデータの活用を始めたのは2015年のことだ。長く人事の領域に携わってきた山崎涼子氏は、社内のペーパーレス化が進んでいたことから手元に人事関連のデータが集まりつつあることを実感していた。この膨大なデータを何かに生かせないか、そう思ったことをきっかけに、社内外の有識者から学び、「人事×データ」が可能という仮説を持った。

「当時はピープルアナリティクスという言葉も知らなかったので、人事領域におけるテクノロジー・アナリティクスの先駆者であられる慶應義塾大学の岩本隆教授にお話を聞きに行きました。それはマーケティングで活用されているようなデータ収集、管理、分析などのノウハウを人事領域にも転用するという、人事の新しい未来を予感させるような実に興味深い内容で、たしかな手応えを感じました」(山崎氏)

マーケティングの手法を人事の領域で生かすという新しい発想を得た山崎氏は、人事におけるデータ活用に取り組むうえで必要な要素を考えはじめた。人、カネ、モノ、情報。そのなかでまず必要なのは人であると結論づけた同氏は、さっそく人事データを活用し、実務に活かすことができそうな人材募集の求人を出す。データサイエンティストのような、データエンジニアリングやデータサイエンスに卓越した人材というよりも、過去に統計を学んだ経験があり、人のデータに対して興味関心を持っている社員を雇用して学習機会や研究テーマを提供し、人事データを活用できる「人事」に育成していくという結論に至った。

HRテクノロジー大賞を受賞したデータ活用

はじめに取り組んだのは、社員のリテンションに関する仕組みだった。基幹システム内に蓄積された社員の属性や人事考課などの人事データを使い、分析を行うことで社員のリテンションリスクを検知するモデルを構築し、リテンションにリスクがある社員にはより手厚くフォローを検知するような活用法が企画された。そして、社員の異動後の活躍可能性の分析に挑む。A さんがB 部署に異動する場合、まずA さんが異動すること自体によってパフォーマンスが上がる可能性を分析する。その一方で、B 部署で活躍している人のコンピテンシーとA さんの特徴との類似度を測り、これらの組み合わせから、A さんがB 部署に異動したときに活躍できるかを見極める。

これらの予測モデルは「HR テクノロジー大賞アナリティクス部門優秀賞」を受賞し、社外から高く評価された。この経験から大きな自信を得たものの、実際の活用においていくつかの問題が浮上してきた。

「私たちが苦労して完成させたモデルは、活用を目指すにあたっていくつか現場人事からフィードバックを頂きました。これらのモデルはトライアルで構築したものでもあったため、現場のニーズを十分に把握できていませんでした。例えば、リテンションのリスクを検知する場合でも、現場はリスク値ではなく、むしろリテンションに関わる要因にアプローチを行い、問題の解決を実施したかったというニーズがあったのです。そして、データを活用するうえでは、社員や組織にとって有益であるアプローチは何かについて現場と話を行い、その活用の目的を明確化する必要があると再認識しました。技術ありきで、モデル構築において目的志向ではなかったため、今一度そのデータ活用の在り方について検討をし直すことにしました」(山崎氏)

活用面において課題はあったものの、モデルの展開を通じて人事におけるデータの必要性や可能性について学びが深まった。

その１つが、現場人事の求めるニーズに即してデータの活用を企画していくこと、そしてもう１つの学びが、社員や組織にとって真に有益なデータ活用について現場人事を巻き込んで検討することで、より人事におけるデータ活用は意義あるものになっていくことだった。

こうした学びから、それまでのチームの活動方針を転換した。まず、データを分析する技術にこだわらず、データを収集するノウハウやテクノロジーの導入、データを管理するデータベースの活用にまでカバー範囲を広げる。社内のIT部門とも協力しながら、データを集める仕組み、管理する基盤を整えることで、活用ソリューションの引き出しを増やすことを重視した。これにより、多様な現場人事のニーズを満たすソリューションの提供が可能になった。

また、チーム内でテーマを設定し、研究結果を提供するというそれまでの活動を改め、グループ各社の現場人事が抱える課題を解決するために、各社へのヒアリングを開始した。

›› 現場人事が本当に求めていたもの

こうした経緯から新しい想いを携えて、人事データ活用チームの活動はリスタートした。自分たちの技術ありきで分析テーマを考えるのではなく、現場の声や社員に役立つデータ活用を何よりも重視した。

そうした想いを抱きながら、グループ会社の人事担当者にヒアリングを行い、そこで抽出した様々な課題に対し、データで解決できることを丁寧に提案するようにした。課題に対してデータが足りないのであれば、それを取得するノウハウを一緒に考え、収集したデータの管理や分析について、コンサルタントのように支援を行っていった。

その結果、各社でデータ活用に関するプロジェクトが次々と立ち上がり、人事データ活用チームの活動は大きな注目を浴びていく。

「実際に現場人事の話を聞いてわかったことは、それまでの私たちの活動においては、丁寧にデータの傾向と向き合い、可視化や統計分析から要因を把握するというアプローチを重視できていなかったことです。
例えば、Cさんの将来のリテンションリスクが80パーセントと出たとしてその社員にフォローを行うにしても、なぜそのような高いスコアなのかという理由まできちんと考察し、アプローチをすることが必要でした。これはつまり、モデルを構築する以前に、データの可視化や統計分析を通じた要因の把握が不十分だったということです。そうしたプロセスを経て、データから読み取れる問題の要因を抽出し、解決方法を考える。こうした取り組みがあって、はじめてデータ活用は効果を発揮すると、後になって思いました」(山崎氏)
「データの可視化という観点では、特に現場人事に喜んでもらえたのは、BI(Business Intelligence)ツールのようなソリューションです。採用の進捗管理ひとつ取っても、現場では複雑な関数が組み込まれたExcelが使われていました。これを、BIツールを用いたデータ連携によって関数をいちいち組み替えたりしなくていい仕組みにつくり変え、さらにはダッシュボードで採用の進捗状況をリアルタイムで確認できる仕様にしました。
つまりは、業務効率化と可視化のセットを提供したところ、人事の作業工数が削減され、面接や企画などの本業に多くの時間を費やせるようになったと、たいへんな好評を得られました。高度な分析技術ももちろん重要ですが、データを可視化するだけでも、実務に十分役立つことが実感できました」(藤澤氏)

›› データから導かれたファクトが人事を変えていく

グループ会社の現場人事からの相談内容は多岐にわたるが、なかでも多かったのは管理職の育成に関わることだという。こうした要望には、過去に実施された適性検査やアセスメントの結果を分析し、個々の管理職のマネジメント特性をタイプ分けして、役職や年齢別に見える化を進めた。これにより、社内にどのような特性のタレントがいるのかが可視化され、人材ポートフォリオの設計に役立てられるといった事例もある。
また、管理職の経験をデータから深掘りしてみると、興味深い推察が導き出された。それは、「等級の高い管理職ほど、それまでと異なる事業領域や環境への異動の経験数も多い」ということだった。

「やはり優秀な管理職ほど、自分のマネジメントスキルが立ち行かないような場所に身を投じて、挑戦を繰り返していた過去があったんですね。これまで人事や経営も感覚的には理解していたことがデータで可視化されることにより、管理職育成の議論が具体性を帯びて実施されるようになりました。このデータから導かれたファクトは、役員会議でもテーマとして取り上げられ経営幹部層の育成や異動配置プログラムの企画検討に活用されました」（藤澤氏）

「データを通じて人事における仮説設定や効果検証のあり方を変えていく必要があると感じました。単にアンケートを取って言質を取り、PDCAを回すだけでなく、様々なデータを組み合わせ、丁寧にその傾向を見ていくことで、何が理由でどんな結果になったか、改善のためにはどのようなアクションが必要かを把握することが重要です。そのためには、当然リッチなデータを収集し、きちんと管理されている必要がありますが、そうした努力を経て、感覚ではなくデータで真実を示していくことができると、私たちはこの成功体験から学びました」（山崎氏）

›› データ活用を人事のスタンダードに

パーソルグループでは、2016年にグループの基幹システムを統合したことによって、社員の個人情報や発令履歴といった「固いデータ」の一元管理を実現した。また、MBOや面談結果、研修履歴、サクセッションプランやそれにまつわるメモ、議事録などの「柔らかいデータ」はタレントマネジメントシステムへの統合管理を開始した。各社の要望や課題の内容に応じてデータ収集から関わることも多くあり、人事データ活用チームは人事領域における社内コンサルタントとしてのプレゼンスを確立していった。

そして彼らは今、新しいフェーズにチャレンジしようとしている。チームとして、これまで人事データ活用に関するサービスを提供してきたが、現場人事が思い立ったときに、ストレスなくデータが使えるようになってほしいとの思いがある。そこで、グループ各社に在籍する数百名の人事担当者間のデータ活用に関わるナレッジシェアの仕組みの整備やスキルアップのための施策を企画検討している。

その手始めとして、ナレッジシェアを目的としたポータルサイトの構築に取り組みはじめている。これまで社内コンサルタントとして取り組んできた過去の事例だけでなく、各社の人事が積み重ねてきたデータ活用に関わる経験や情報を相互に交換できる場が完成した際には、現場人事自ら、グループ内での事例を踏まえてデータ活用が検討できるようになる。実際にデータ活用に取り組む際のルールノウハウをナレッジに凝縮し、リテラテシー向上講座として提供することで、グループ内でどんどんデータ活用が促進されると考えている。

こうした取り組みを通じて、人事内で「息を吸うように」「正しく」データが活用され、今後、会社や社員にとってより有益な人事サービスが提供できるようになっていくであろう。

「人事データ活用という、当時は可能性が未知数だった取り組みを形にするために、様々な実験と、グループ内外への発信、関係者の巻き込みを推進してきました。途中で投げ出さずにいられたのは、人事におけるデータ活用の可能性を信じて疑わなかったからだと思います。これまで感覚的に議論されてきた社員や組織に関わるテーマも、データがあることでより具体的に課題の特定や改善施策の検討ができるようになる。おそらく、最初の一歩を踏み出した人たちはみんな、その可能性に気づいていることでしょう。

今後はさらにこの取り組みがグループ各社に浸透し、社員や組織の理解が進み、人事サービスの企画運営に活用されている状態を目指していきたいと考えています。そして、いずれは人事のスタンダードになるはずのデータ活用、その先駆者になるためにも、私たちは引き続き目の前の課題と真摯に向き合い、新しい人事のあり方を築き上げていきたいと思います」（山崎氏）

パーソルホールディングス株式会社

1973年のテンプスタッフ創業以来、人材派遣、人材紹介、ビジネス・プロセス・アウトソーシング、再就職支援など総合人材サービスを展開。「はたらいて、笑おう。」をグループビジョンに掲げ、あらゆる制約を超えてすべての「はたらく」が笑顔につながる組織・社会を創造していくことを目指している。

資本金：174億7,900万円

連結売上高：9,258億1,800万円（2019年3月期）

連結従業員数：4万5,434名（2019年3月31日現在）

事例 5

生産性向上のためのピープルアナリティクス

日立製作所

ホワイトカラーの生産性向上モデルと配置配属フィット感モデルを確立

インタビュイー 大和田 順子氏

日立製作所 システム＆サービス人事総務本部 ヒューマンキャピタルマネジメント事業推進センタ ピープルアナリティクスラボ エバンジェリスト

人事課題としての「生産性」をどう見るか

世界有数の総合電機メーカーとして、グローバルで約30万人の従業員を抱える日立製作所。長年、「モノづくり」の分野で日本の産業界をリードしてきた同社だが、時代の移り変わりとともに、新しい仕組みやこれまでになかった顧客体験、新たな価値を創造し、提供する「コトづくり」のビジネスにシフトしてきており、それにともない人事的課題も変化している。従来は深く思考し着実に遂行するタイプが多く活躍してきたが、これからの時代は、着実なタイプに加えて、より創造的な仕事ができる人材や、行動力の高い人材も必要になっている。

そして、もうひとつの人事的課題は、働き方改革が進むなか、一人ひとりの生産性をどう向上させていくかということだ。日本企業の場合、特にホワイトカラーの生産性向上が課題だといわれる。製造現場であれば、生産設備の効率を上げる、あるいは時間あたりにできる工程数を多くするといった、わかりやすい指標があるが、ホワイトカラーに目を向けると、可視化すべき指標がなかなか得られない、もしくは可視化・数値化したとしても納得感のある指標を立てるのが困難、というのが現状だ。

だが、要は生産性向上のためには、少ない時間で生み出す価値を大きくしていけばよい。一人ひとりの従業員が、より時間を短く効率よく使い、より大きな価値を出すように意識していけば、生産性は上がっていく。そこで、一人ひとりの意識や行動を可視化していこうと考えたのが、同社のデータ人事の取り組みの出発点である。

システム＆サービス人事総務本部ピープルアナリティクスラボのエバンジェリスト大和田順子氏は、次のように説明する。

「ES サーベイやエンゲージメントサーベイは世に多く存在しますが、『生産性』という視点からピープルアナリティクスを活用し、施策につなげようという発想のサービスは、ほとんど見当たりません。そこで、自分たちでつくってみようという話になったのです」(大和田氏、以下同)

›› サーベイの内容と実施方法

サーベイ開発にあたり、まずはプロトタイプとして、社外のホワイトカラー約 2,000 名（国内）を対象に予備的な調査を行った。最初に社内の従業員を対象にしてしまうと、日立の企業文化から特定の傾向が強く表れてしまう懸念があったからだ。ここでは、業種、性別、年齢をバランスよくサンプリングし、データの標準化を試みた。そのうえで社内の従業員にも調査対象を広げ、その成果として、生産性向上の意識と、配置配属のフィット感という 2 つのモデルを確立した（事例 5-1、5-2）。

なお、サーベイによって得られたデータや AI を使った分析結果は、社内の生産性向上に向けた施策立案に活用するとともに、顧客にも提供できるものとして定型化された。2018 年 10 月に「日立人財データ分析ソリューション」としてリリースされ、これまでに社内外あわせて約 2 万人実施の実績を得ている。

›› 2つのモデルから見えてきたこと

①「生産性向上の意識」のモデル

2 つのモデルについて、それぞれ詳しくみていこう。まず、生産性向上の意識についてのモデルである。ここでは、健康を意識している人、つまり「心身調整度」が高い人は、生産性も高いということがわかった。事例 5-1 のように、ピラミッドの底辺の心身の調整がベースとなり、「効率性次元」「創造性次元」へとステージが上がっていくイメージだ。加

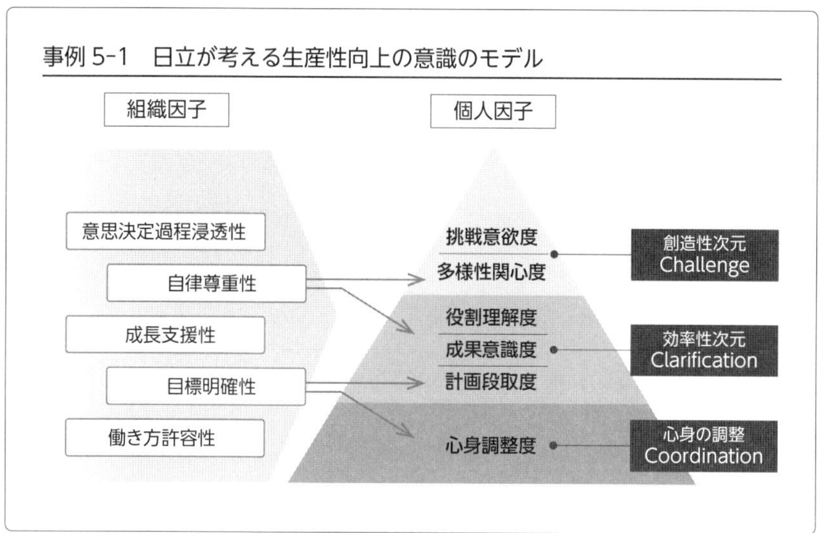

事例 5-1　日立が考える生産性向上の意識のモデル

えて、生産性を高めるためには、組織の側にも「意思決定過程浸透性」「自律尊重性」「成長支援性」「目標明確性」「働き方許容性」（様々な働き方が許容されている）といった因子のあることがわかった。

「近年、健康経営に注目が集まっていますが、心身調整度が高い、つまり健康を保とうとしていることと生産性は直結していることが、データで裏づけられたといえます。まず心身調整度が個人の生産性を上げる基礎となり、これが高い人は効率性次元の得点も高くなる。そして効率性次元の得点が高くなると、創造性次元の得点も高くなるというように、段階的なモデルが形成できたのです」と大和田氏は話す。

生産性を上げるために「イノベーティブな発想」や「デザインシンキング」を高めようという話がよくあがる。しかし、このモデルは、心身の調整ができていなかったり、仕事が効率的にできていないのに、いきなり創造性だけを高めるのは難しいことを示唆している。

もう１つ、残業に関する興味深いデータがある。

「これまでは、多くの日本企業で残業が多い人ほど人事評価が高いという傾向があったと思います。量も含めて仕事を任されている分、評価も高くなるというわけです。ところが、多くの組織で、残業の多い人は心身調整度が低いことがわかりました。無理して残業すれば、短期的には成果が上がるかもしれませんが、長くは続かない構造といえます」

真に生産性の高い働き方は必ずしも労働時間の長さに相関しないということを裏づけるかのように、最近は、残業時間が多いか少ないかだけでは人事評価に差がつかない組織が増えているという。大和田氏によると、この傾向はここ１年くらいで顕著に見られるようになっているということだ。

②「配置配属のフィット感」のモデル

もう１つ、サーベイの結果として検証されたのが、配置配属のフィット感と生産性との関係性だ。

事例5-2の中央に円で描かれているのが、配置配属のフィット感を高める個人因子である。まず、「対人関係安心度」は、居場所がある、ここは私を受け入れてくれているといった感情を組織に対してもてているかどうか。「評価処遇納得度」は、給料や上司からの評価、「特性希望適

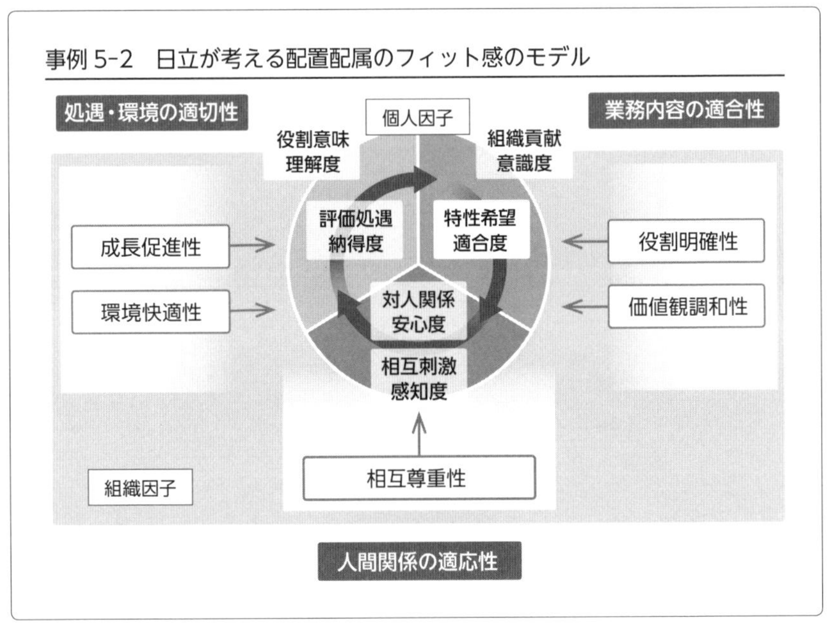

合度」は、自分の性格や希望と仕事が合っているかどうかで、これらの得点が高い人は配置配属のフィット感も高い。

なお、「対人関係安心度」であれば、あまり緊張感のない組織にいれば安心で幸せかというとそうでもなく、上司や同僚からいい刺激を得られているかという「相互刺激感知度」といった因子も欠かせない。他に、「役割意味理解度」「組織貢献意識度」という因子があることもわかった。

そして、これらの個人因子を取り巻くのが「役割明確性」「価値観調和性」「相互尊重性」「環境快適性」「成長促進性」という５つの組織因子である。分析の成果から以上の２つのモデルが提示されたが、データの分析から、配置配属のフィット感が上がると生産性向上の意識も上がることがわかっている。そして重要なのは「生産性向上の意識が上がれば業績も上がることを社内の営業組織で検証できた」(大和田氏)ことだ。

これら２つのモデルによって組織の強みや弱み、そして課題の可視化が可能になり、業績を上げていくためにはどのような人事施策を打っていくべきか、示唆が得られるだろう。

リテンションへの活用

配置配属フィット感のモデルは、リテンションにも活用できる。

これまで社内でサーベイ実施後に退職した若手従業員のスコアを分析したところ、退職者は、配置配属のフィット感の得点が全体の平均点と比べて相当に低いことがわかった。つまり、「配置配属がフィットしていない人は退職リスクも視野に入れて対応する」ことが必要といえるという。

また、冒頭で述べた「モノ人材」から「コト人材」へという新しい人材ポートフォリオに基づいて採用した人材や、中途採用の人材が定着して順調に成長しているかという視点でも、配置配属のフィット感のモデルを活用している。こうした施策を行う理由について、大和田氏は次のように語る。

「上司というのは、仕事でパフォーマンスが出ている部下は気持ちもフィットしていると思いがちですが、能力の高い従業員はどういう思いであれアウトプットをきちんと出していることもあり、業績の高さと配置配属のフィット感は必ずしも一致しません。一人ひとりがどこに課題を抱えているのかを早期に把握し、対応を考えたいですね。まずは定着が重要で、そこから先、本当に力を発揮できているかどうかは、生産性向上の意識のモデルで見ていくことができます」

»個人への分析結果のフィードバックが成長を促す

ESサーベイやエンゲージメントサーベイでは、多くの場合、個人を特定しないケースが多い。しかしそれではグループや組織の傾向はわかっても、個人の傾向まではわからない。今回のサーベイで特徴的なのは、個人のデータを本人とマネジャーに報告するところである。目的はあくまでもキャリアアップや個人の生産性向上のために使用するのであり、本人には同意をとったうえでサーベイに回答をしてもらう。社内では、各種規定や関係者への説明のうえで実施しているが、自身に対するフィードバックがあることも、従業員の回答率を高めている。

「ある組織のサーベイでは、対人関係や教育など多くの項目で部下たちの不満がたまっているという結果となりました。マネジャーは、自分の部下はみな高いパフォーマンスを出しているので何も問題ないと思っており、とても驚いていたのですが、サーベイの結果をもとに面談したところ、部下は『なぜこういう得点になったのかをぜひ聞いてほしい』と、その理由を熱く語りはじめたそうです。これをきっかけに上司は部下の気持ちを把握することができ、それまでの面談ではつかめなかった課題も明確になったため、具体的な対応につながりました」

»データ人事は諸刃の剣

ピープルアナリティクスはデータに基づいた人事マネジメントを後押しするが、センシティブな面ももちあわせていると大和田氏は指摘する。

「データは、機械的にいろいろ分析することはできますが、倫理観とポリシーがないと危険です」

ピープルアナリティクスに関するガイドラインをつくるべきという議

論も起こっている。

「ガイドラインの内容としては、例えば、当たり前のことですが、従業員にとって有益な分析しかしないことをうたう。分析結果は求めに応じていつでも開示される。望まないのであればサーベイの回答を拒否できる――といったように、理念や条件を１つずつ明らかにしていくべきと考えます。一方で、ある一定の手続きをクリアすれば、毎回ステークホルダーとの調整をしなくても済むような整備も求められます。フェアウェイを決めて、そのなかでどう振る舞うかというルールを決めれば、従業員にとってメリットがあり、アナリティクスの生産性ももっと上がるのではないでしょうか」

様々な可能性を秘めたデータ人事だが、その運用にあたっては慎重さも重要になる。

（取材・文：菊池壮太）

株式会社日立製作所

1910年創業。OT（Operational Technology）、IT（Information Technology）およびプロダクトを組み合わせた社会イノベーション事業に注力。モビリティ、ライフ、インダストリー、エネルギー、ITの5分野でデジタルソリューションを提供することにより、顧客の社会価値、環境価値、経済価値の3つの価値向上に貢献する。
資本金：4,587億9,000万円（2019年3月末現在）
連結売上高：９兆4,806億1,900万円（2019年3月期）
連結従業員数：29万5,941名（2019年3月末日現在）

事例編

事例 6

タレントマネジメントシステムの導入・活用

ヒロテック

“適正配置”で個を生かす

インタビュー 小西 信博氏
ヒロテック 人材開発センター 部長代理

埋もれた人材を“見える化”

外需主導が色濃い日本の製造業にとって、海外で活躍できる“グローバル人材”の確保は喫緊の課題だが、現実はそう簡単ではない。

国内だけで1,800名の陣容を誇るヒロテックグループでも、8カ国14カ所に及ぶ海外拠点に出向して、現地スタッフをマネジメントできるだけの資質をもつ人材は少ないと、かつて経営陣は人選に苦しんだ。

しかし、それは「人材がいないのではなく、見えていなかっただけ」だと、人材開発センター部長代理の小西信博氏は振り返る。小西氏は、人材情報をデータベース化するタレントマネジメントシステムを同社に導入し、データ人事への変革を推進してきたキーパーソンだ。

「現場目線で見れば、有能な人材は組織内に大勢いるんですよ。しかし、会社が大きくなると上層部にはそれが見えにくくなるので、『いない』と誤解され、活躍の場も与えられないままくすぶってしまう。まさに埋もれた人材なんです。データを使ってそうした人材を“見える化”し、だれもが納得できる人事の意思決定につなげたい。それがタレントマネジメントシステムを入れた動機です」（小西氏、以下同）

強い思いには、訳がある。“埋もれた人材”とは他でもない、以前の小西氏自身の境遇に重なるからだ。

もともとは技術畑。グローバル人材輩出を目的として、2016年に設立された同センターへ異動するまで、20年以上ほぼ一貫して設計業務を担ってきた。設計といえば製図板で手書きが当たり前の時代から、いちはやくCADのスキルを独自に極め、部署全体の業務改革をリードした。技能五輪出場や専門書の執筆など、社の内外で数々の経歴を重ねたが、自身が望む職務・職位にはなかなか恵まれなかったという。

›› 名前と顔が一致するメリット

ヒロテックでは以前から、人事・人材情報——社員個々の取得スキル、資格、教育研修や異動の履歴などを保存していたが、そのデータを人事給与システムと一体で管理していたため、公開が不可能な環境にあり、本人が確認することも、組織全体で共有することも難しかった。

「人事データは“宝の山”なのに、管理するだけで活用しないのはもったいない。そこで、経営層や管理職が利用できて、だれもがひと目でわかるように、あらゆる角度から人材を見える化するツールを探しました」

同社が比較検討の末に選んだのが「タレントパレット」というタレントマネジメントシステムだ。実際にデータを使ってどんなことができるのか、小西氏が興味深い活用事例を紹介してくれた。

「これはある部署に所属する社員の職位と年齢をマトリックス表示したものです（事例6-1）。年齢が上がるほど職位も上がるのが普通ですから、平均的な分布パターンは右肩上がりの階段状になり、私はこれを『昇進の階段』とよんでいます。その階段より上に位置する社員は順調に昇進しているといえるわけですが、では、階段より下にいる人はどうなのかとデータを見てみると、ある社員は語学留学や米国拠点への出向も経験してきたグローバル人材候補であるにもかかわらず、職位はいまだ『班長』にとどまっていることがわかりました。語学力を買われて、ある海外クライアントの窓口業務を一手に担っていましたが、仕事が彼に属人化してしまったため、現場から外せなくなり、職位も据え置かれていたんです。経営の目にはもちろん届いていませんでした」

こうして埋もれた人材を発掘し、見える化することで説得力が高まり、適正配置や抜てき、教育研修などが進めやすくなるのだ。

タレントマネジメントシステムのメリットはそれだけではない。同社

事例6-1　タレントパレットの画面

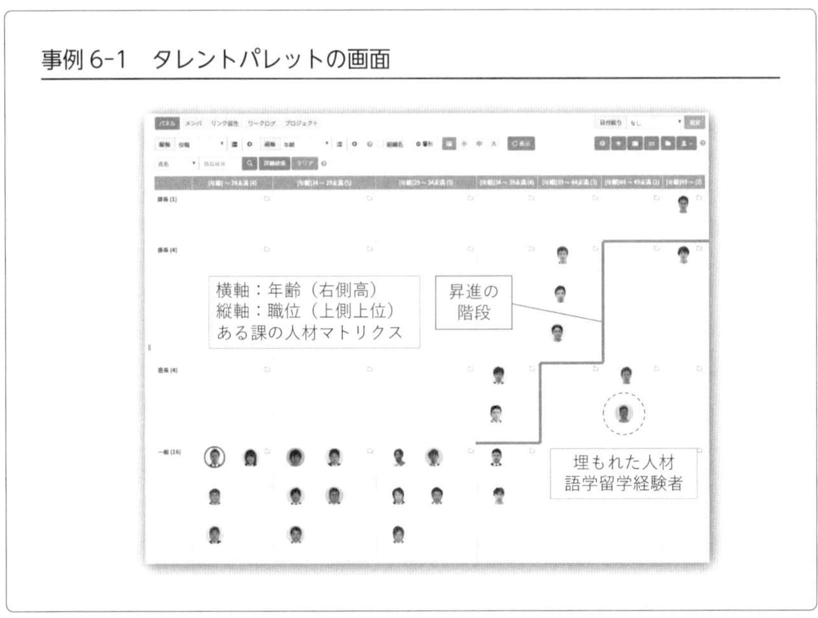

ほどの規模になると、以前は人事担当者でも、顔は知っているけれど名前は知らない、どんな仕事を担当しているかも知らないという社員が少なくなかった。

このシステムには、社員の顔写真も集約され、一人ひとりの顔と名前と人事情報が紐づけられている。

「データを分析したり、活用したりする前に、社員の顔と名前とが一致するだけでも効果は大きい。コミュニケーションがとりやすくなりました」。

自社の組織に合わせて自由度高くシステムをつくりこんでいける点も、「タレントパレット」導入に至った決め手の1つだという。小西氏は「まだまだ使いこなせていません」と謙遜するが、アンケート機能を使って職場アンケートを実施したり、社員に自己PRを入力してもらって、その内容をテキストマイニングにかけたりと、組織に埋もれがちな社員のニーズを様々な手法ですくい上げるチャレンジにも余念がない。

能力を発揮しきれていない？

とはいえ実務面、とりわけ既存の人給システムから必要な人事データをすべて取り出し、タレントマネジメントシステムへ移し替える作業は骨が折れたと打ち明ける。導入してからも、膨大なデータの更新や個人情報の取り扱い、セキュリティー面の対応などに悪戦苦闘。専門家の助言も仰ぎながら試行錯誤を重ねた。

「データの“活用”は夢が広がるが、“運用”は手間がかかる」とは、小西氏の偽らざる本音だろう。

2017年6月に本格稼働してから、2年あまりが経過した。ヒロテックの組織は、タレントマネジメントシステムの導入でどう変わったのか。

「人材の見える化をしていなかったころの人事のやり方では、社員個人としても、組織全体としても、もてる能力の60%程度しか使えていなかったと思います。それを100%に近づけるために、一人ひとりが活躍できる職場に異動させたり、役職を上げたり、そういうことができるようになってきました。人事に対する社員の納得感も高まってきたのではないでしょうか。もともと『グローバル人材育成のために』と始まった取り組みですが、個人的にはグローバル、ローカル関係なく、社員の方々に能力を100%活かしてもっと活躍してもらいたいということです」

規模の大きな組織ほど、埋もれている人材は多くなりがちである。それを発掘することが組織全体の能力アップにつながり、「何よりも社員の幸福ややりがいに資する」と、小西氏は言う。

そうした意思や問題意識がなければ、データをいくら集めて眺めても、最適解は出てこない。タレントマネジメントの真髄といえるだろう。

（取材・文：平林謙治）

株式会社ヒロテック

1932年創業、1958年設立。以後、自動車部品の設計・製作、金型、治具、組立ラインの設計・製作等を行う。広島の本社のほか、国内に工場や研究所、国内外にグループ会社を展開し、世界各国へ自動車部品を納入するグローバルエンジニアリング企業。
資本金：1億円
売上高：798億円（2018年）
従業員数：1,948名（2019年4月現在）

事例 7

人事こそ実験しよう
リコージャパン

科学的人事とHRテクノロジーを活用して ECとCSの徹底的な追求を目指す

インタビュイー
山田 裕治 氏
リコージャパン 常務執行役員 人財本部 本部長
高須 彰一 氏
リコージャパン 人財本部 人財開発室 BP教育グループ兼HR・EDTechサポートグループリーダー

「科学的人事」と「HRテクノロジー」導入の背景

リコージャパンでは、2018年から積極的にHRテクノロジーを導入・活用している。また、様々な人事データの統計学的な分析、活用を「科学的人事」と名づけ、HRテクノロジーの導入以前から、人事分野におけるデータ活用を進めてきた。

「背景にあるのは、リコージャパンの経営の軸であるESとCSの徹底的な追求です。社員が生き生きと誇りをもって働き、お客様から感謝される顧客価値企業を目指して、2017年から働き方改革を進めてきました。科学的人事やHRテクノロジーはそれを実現するための手法です」

そう話すのは、常務執行役員人財本部本部長の山田裕治氏である。

ESとCSの徹底的な追求にあたっては、社長自ら全国各地に赴いて社員とダイレクトコミュニケーションを行ったという。そこで明らかになった生産性や人事制度などの課題に対して、2017年から広義の働き方改革に着手。全国399の営業所、426のサービスステーションで働く1万8,000人以上の社員を対象に、生産性を向上させるための業務プロセス改革や、多様な人財の活躍を促す人事制度改革などに取り組んできた。

「人事に求められることは、社員のモチベーションやエンゲージメン

事例編

トを高めること、そして個の特性や能力が活かせる場を提供することです。しかし、これだけの人数の個別最適を、人事担当者の勘と経験による属人的な判断で実現することは難しいでしょう。1万8,000人のモチベーションやエンゲージメントの状況を適時適切に把握し、能力を活かすベストな場を提供し、経営戦略と個別最適を同時に実現するには、科学的人事やHRテクノロジーの活用が不可欠なのです」(山田氏)

››「デジタル」と「アナログ」双方を重視

ダイレクトコミュニケーションに象徴されるように、同社ではアナログHR(肌感での現場情報把握)とデジタルHRを組み合わせて活用している(事例7-1)。

「アナログHRと科学的人事やHRテクノロジーを効果的に組み合わせることで、経営戦略と個別最適の同時実現が加速できると考えています。社員とあまり話さず、現場がわかっていない経営陣にES調査の結果データだけを見せても際限のない分析で終わるでしょうが、ダイレクトコミュニケーションで現場の実態把握ができていれば、認識共有も改善策の検討もすぐにできるからです。また、ダイレクトコミュニケーションは人数や回数に限界があるので、そこで取りこぼしている課題をES

事例 7-1 科学的人事・HRテクノロジーの活用

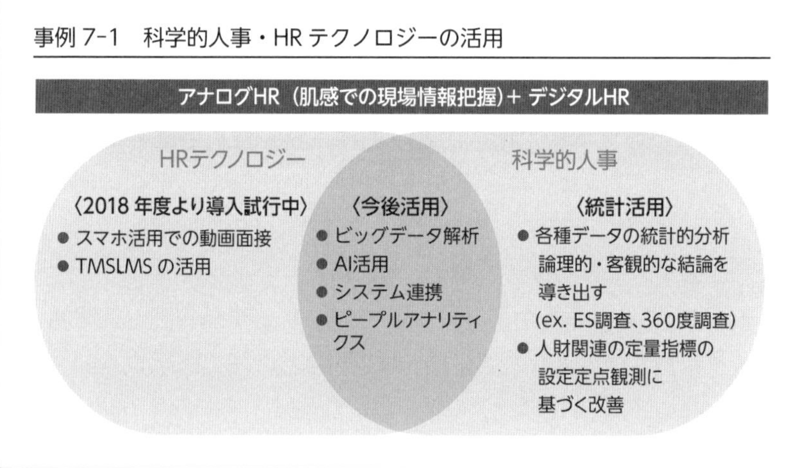

調査で補うことも可能です。科学の力は活用しますが、社員と向き合うアナログも重視しているのが弊社の取り組みの特徴です」（山田氏）

同社では、個人や組織の状態の見える化と施策効果の確認、個々の特性や価値観に適合する仕事環境や成長環境の整備に、科学的人事やHRテクノロジーを活用している。最新の活用事例を紹介したい。

›› 科学的人事の活用事例

科学的人事の目的は、各種データの統計的分析を行い、論理的・客観的な結論を導き出すこと。主に以下の分野で活用している。

① ESとCSの関係の可視化

まずは、同社の経営の軸であるESとCSに関する分析、可視化である（事例7-2）。

「社員の満足度を測るES調査と取引先に満足度を聞くCS調査のデータを総合的に分析してみたところ、相関があることがわかりました。また分析の結果、ESが高まった支社ではCSも高まる傾向があることもわかりました。この結果は仮説どおりでしたね。ESとCSの追求は弊

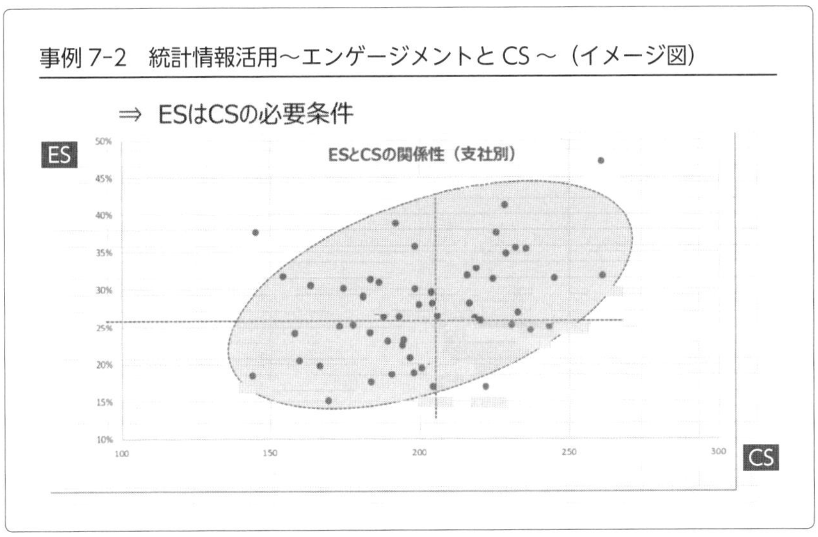

事例 7-2　統計情報活用～エンゲージメントとCS～（イメージ図）

社の経営の軸でもありますので、可視化して確認することは重要です」（山田氏）

②日常のコミュニケーションの可視化

また、日常のコミュニケーションについても社員アンケートをとおして可視化。その結果と、例えば評価への納得感の関係を探っている。

「評価への納得感は評価面談が鍵になるという仮説をもっていましたが、実際は上司と部下の日常のコミュニケーションの方が影響していることがわかりました。たとえ低い評価であっても、日常のコミュニケーションが十分にとれていたら、評価に納得できるというのです。この結果からも、最近話題の『心理的安全性』がいかに重要かわかります」（山田氏）

また、コミュニケーションの手段についても分析を行い、1on1ミーティングの回数が多いほど職場の風通しの良さにつながること、時間は30分が最も効果的だということもわかったという。

③ESと360度評価の関係の可視化

ESが上位の支社と下位の支社で、360度評価のどの項目に差が出てくるのかも統計的に分析している。

「支社長クラスで上位と下位の差が大きかったのは、『変革的行動力』や『公平性』といった項目でした。一方、課長クラスでは『部下育成』などの項目で差が大きくなります。このように統計情報を活用することで、個人や組織の状況が可視化され、リーダーシップ育成などに活かすことができるのです」（山田氏）

›› HRテクノロジーの活用事例

HRテクノロジーは2018年度から導入し、今後本格的に展開していく段階にある。採用や人材育成、業務効率化の分野で活用していく予定だ。現在試行中の主な事例が下記である。

①タレントマネジメントシステム

2019年から始めたのが、社員の能力やキャリア、エンゲージメントなどのデータを人財の適正配置や育成などに活かすタレントマネジメントシステムの導入である。人財本部人財開発室BP教育グループ兼HR・EDTechサポートグループリーダーの高須彰一氏は、その狙いをこう話す。

「タレントマネジメントシステムができることは、多様な人財情報の蓄積、統合、一元管理です。それらのデータを分析することで、人事部門での活用はもちろん、経営層が人財抜擢に活用したり、マネジャー層がメンバーの状況を把握したり、社員個人がキャリアデザインを描いたりするのに役立てることができます」

現在は、1万8,000人の社員の最低限の人事データが一元化され、検索可能になった段階にある。今後は、モチベーションなどのエモーショナルデータなども充実させて、人財育成や離職防止、戦略的人事などに活かしていく予定だ。

②デジタル面接

2018年度の新卒採用で行ったのが、デジタル面接プラットフォーム『HireVue』を使ったデジタル面接である。首都圏の学生約1,000名に、エントリーシートの代わりに自己アピールの動画を撮って送ってもらったという。

「導入の狙いは、最先端の採用を行っているという企業ブランディングや書類選考だけでは埋もれていた可能性のある人財の採用、いつでもどこでも面接ができることによる学生、企業双方の負担軽減でした。これらの狙いはほぼ達成できたと言っていいでしょう。

一方で、面接官からは『短時間の動画では判断が難しい』という声や、首都圏の学生を対象にしたため『面接に行きやすい場所なのに導入意図がわからない』という声も聞かれました。2019年度はいったん休止したのですが、2020年度はリアル面接と動画面接を学生が選択できるようにして再開する予定です。日中は時間が取りづらいキャリア採用への

事例編

展開も考えています」（高須氏）

③ EDTech

「いつでもどこでも教育」や「個別最適教育」を実現するため、遠隔教育とマイクロラーニングにも取り組んでいる。リモート研修やマイクロラーニング動画の内製ができるスタジオ、Redlabo（RICOH EDUCATION LABO）を全国6拠点に整備し、いつでもどこでも学べる環境を実現している。

マイクロラーニングのコンテンツは社員が自由に作成でき、オリジナルコンテンツは200本を超えているという。

「知識習得や復習はマイクロラーニング、個人の気づきを引き出すにはリモート研修、グループワークなどで相互の気づきを引き出したり、意識や行動を変革したりするには集合研修など、それぞれに適した教育形態があります（事例7-3）。それらをきちんと仕分けして最適な教育環境を整備することが重要です。弊社では営業など社外で仕事をしている社員が多いため、2～3分の動画で隙間時間に勉強できるマイクロラー

事例7-3　研修形式× EDTech

研修形式	EDTech
1WAY 知識習得 復習	（LMS）マイクロラーニング
2WAY 個人の気づき引き出し 質問・回答	(Redlabo) リモート研修
グループワーク 相互の気づき引き出し 実機	集合研修

ニングは非常に好評です」(高須氏)

今後は、社員個人のスキルやキャリアをAIが分析し、最適な研修や教材を自動的にレコメンドしていく仕組みを構築したいという。

「現在は学習履歴を一元管理しているところですが、それらのデータが蓄積できたら、個人に最適な学習を提示するアダプティブラーニングを実現したいと考えています」(高須氏)

人事こそ実験をしよう

ここ数年で矢継ぎ早に科学的人事やHRテクノロジーの導入を進めている同社。HRテクノロジーのスムーズな導入には、社内の体制づくりも鍵になりそうだ。高須氏が所属するHR・EDTechサポートグループは人事部の外に置かれており、テクノロジーに精通した人財も多数在籍するという。

「最近では人事部のなかにデータサイエンティストを配置する企業も多くなっていますが、人事部こそ人財の多様化が必要でしょう。人事に詳しい人財と、テクノロジーに詳しい人財とが補完しあうことで、HRテクノロジーの活用は加速すると思います」(高須氏)

また、人事・人財開発者としてもつべきスキルやマインドも変化していると話す。

「人事担当者も統計学を理解しておいた方がいいでしょう。また、世の中のテクノロジー情報にアンテナを立てておくことは重要です」(高須氏)

「人事というのは、昔から人事のなかに閉じこもりがちな傾向がありました。デジタル化も他の分野に比べて遅れていると言えると思います。しかし、人生100年時代になり世の中が激変するなか、それでは改革は進みません。人事こそ実験をするべきだと私は考えています」(山田氏)

同社の科学的人事やHRテクノロジーの事例も、現時点では実験段階のものが多いという。実験をとおして試行錯誤を重ねることが、ESとCSの徹底的な追求につながっていく。

(取材・文:谷口梨花)

リコージャパン株式会社

1959年創立。リコー製品を中心とした商品・サービスの提供を通じて、顧客の経営課題や企業価値の向上に貢献。全国399の営業所と426のサービスステーションを拠点に、“従来の一般オフィス”から、様々な業種の現場を含めた“ワークプレイス”、さらに“社会”まで価値提供の領域を広げている。

資本金：25億円

売上高：6,643億1,500万円（2019年3月期）

従業員数：１万8,240名（2019年4月1日現在）

事例
8

3つのサーベイを活用した人事の実践
DeNA

HRビジネスパートナーとのデータ連携で“人の力を最大化させる組織”を実現

インタビュイー　澤村 正樹氏
DeNA ヒューマンリソース本部 人材企画部 テクノロジーグループ

データ活用のきっかけは人の力を最大化させる組織であるため

DeNAでは、全社の人材育成や組織開発などを担うヒューマンリソース本部人材企画部にテクノロジーグループを設けた。これはデータアナリティクスやツールの開発を行う専任のグループで、メンバーは事業部経験のあるエンジニアが中心だ。

アナリティクス専任のチームをはじめて設けたのは2017年。ヒューマンリソース本部が「フルスイング」プロジェクトを立ち上げた頃と重なる。社員が熱意をもって、個人の能力とやりがいを高められる環境を実現し、「人の力を最大化させる」ことを目的としている。その一環として、テクノロジーグループの前身となるピープルアナリティクスチームが設立された。

「もともと当社は、商品開発やマーケティング、営業に限らず、あらゆる組織でデータに基づいた事業活動をしています。ですから人事にデータ解析を取り入れるのも、ごく自然な流れでした」(ヒューマンリソース本部人材企画部テクノロジーグループの澤村正樹氏、以下同)

変化を繰り返すDeNAのなかで、ピープルアナリティクスチームも、役割や位置づけを変えながら存続してきた。2019年度現在の役目は、エンジニアリングとデータサイエンスを融合させながら、人材企画をはじめとするステークホルダーに必要な情報を届けることだ(事例8-1)。

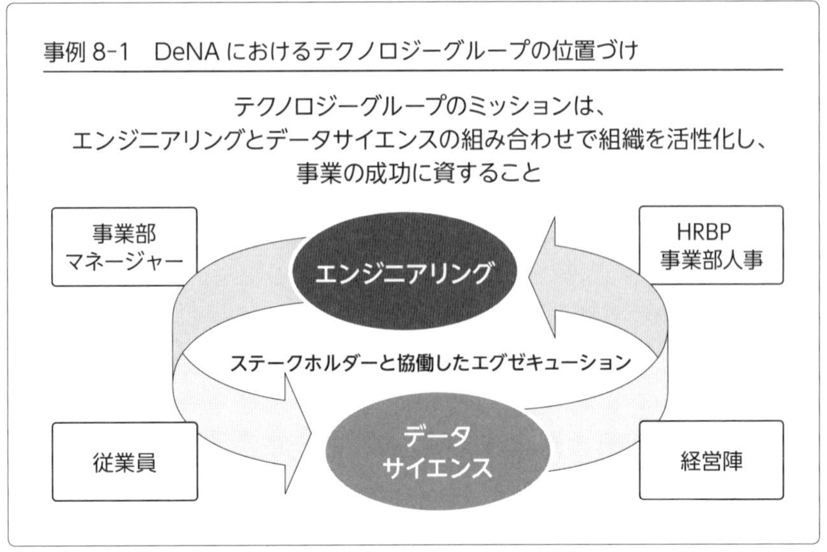

›› 分析に用いる3つのサーベイ

現在テクノロジーグループが分析対象にしているのは、以下の3つのサーベイだ。

①組織状況アンケート

半期に一度、全社員が約30項目に匿名で回答するエンゲージメント調査。加点主義か、「こと」に向かえているかなど、所属する組織についてあるべき状態になっているかという点を中心に5点満点で回答。

②マンスリーアンケート

月に一度、全社員が記名で回答するパルスサーベイ。質問は「過去1カ月間のやりがいの7段階評価」と「振り返りの記述」の2つ。

③ 360°フィードバック

半期に一度、メンバーがマネジャーに対し、マネジャー要件を満たしているかどうかや、いいところ、課題となるところ、メンバー自身がサポートできるところをフィードバックする。回答は記名で行う。

①～③のサーベイは、質問項目など毎年検討を重ねながら継続。組織状況アンケートは、約10年も続いている。

「例えばマンスリーアンケートはシンプルな設計ですが、組織の状態が如実に表れます。もしメンバーのやりがいが下がっていれば、チーム全体のモチベーション低下が起こっていることは容易に想像がつきます。サーベイの質問項目ごとの相関関係を調べるなどして、その原因が仕事内容なのか、マネジャーの技量にあるのか、それとも戦略そのものに問題があるのか、他の結果や過去の結果も見ながら検証します」

›› HRBPと情報を連携

DeNAにおける特徴は、データの分析結果のHRビジネスパートナー（HRBP）への連携である。同社では、各事業部に、人事の側面から事業成長と社員をサポートするHRBPを配置。テクノロジーグループはサーベイのデータを解析し、HRBPに有益な情報を提供するのである。

「情報が、採用や配置の計画に活かされることもあります。現場によって人事上の課題は異なりますからね。HRBPと常時話し合い、課題解決に必要なデータを提供し、組織の現状について仮説を立てます。そしてHRBPは解析結果を論拠として、次の一手を考えるのです」

ただし、データの活用にあたっては注意していることもある。

「まず、サーベイは評価対象にしないことです。特に360°フィードバックは、マネジャー本人の強みや弱みが明らかになりますから。回答者が率直な意見を言えて信頼性の高い情報を集めるためにも、その点は注意しています。もう一つはデータは万能ではないと認識することです。人事で扱うデータはヒューマン要素が強いことから、ゆらぎが大きい傾向にあります。ですからデータを過信することなく、HRBPなどが中心となって現場の動きを自分の目で確認し、そのうえで客観的な情報としてデータを活用することが大事なのだと思います」

同社では以前より、社員のスキルや経験、今後の希望などをマネジャーが登録するデータベースをもつ。サーベイ解析と合わせることで、“勘と経験”に終始しない能力開発や最適配置を行う土壌が整っているのである。

›› 情報をリアルタイムに届ける

テクノロジーグループでは新たなツール開発にも取り組んでいる。その１つが、マンスリーアンケートのウェブアプリ「Flow」だ（事例8-2）。

これまでマンスリーアンケートの結果は、Excelデータにまとめた形で各マネジャーなどに送っていたが、読みにくい、タイムラグがあるといった課題があった。現場からの「リアルタイムで情報を知りたい」という声もあり、2019年よりFlowの運用を開始したという。

「個人ページとマネジャー用のページがあり、個人ページはやりがいの推移を折れ線グラフで確認することができます。またマネジャー用のページは、グループごとの集計結果のほか、グループのメンバーのやりがいと振り返りを一覧で見ることが可能です」

事例 8-2　Flow（イメージ）

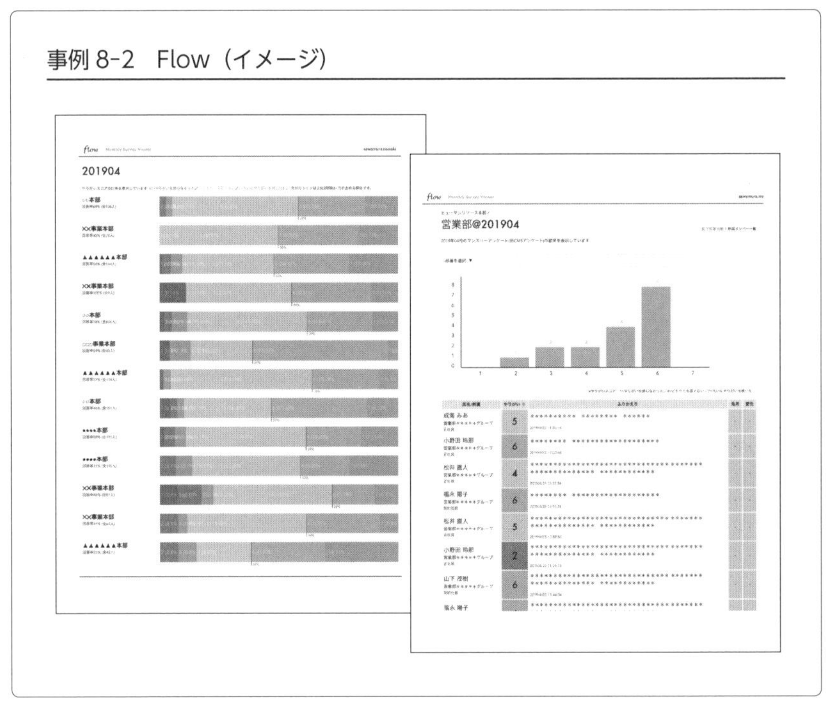

事例 8-3　TALENTBASE（イメージ）

ツールの登場により、マネジャーは直近のグループの健康状態などを確認し、ケアが必要な個所に先手を打てるようになった。

また、タレントマネジメントについては、「TALENTBASE」の運用をスタートさせた（事例 8-3）。これは、同社が今年創業 20 周年を迎えるにあたり発足した「De20 プロジェクト」のなかから始まった「仲間の強み見える化プロジェクト」によるもので、全社員のプロフィールページの刷新を図ったものだ。

「過去の経歴や仕事に対する思いなどを、自由に書き込めるようになっています。またハッシュタグを設けることで、キーワードで人物を検索抽出できます。例えば、ハッシュタグで共通項を探し、シャッフルランチのメンバーの組み合わせに活用したりしています。まだ始まったばかりの取り組みなので、こちらが想定していないような使い方が生まれたらうれしいです」

›› 現場を知り、“対話”を重視

ヒューマンリソース本部のなかに、テクノロジー専任のチームを設けて３年。運用を続けて見えてきたのは、テクノロジーチームとHRBPとの連携の重要性だ。特にデータアナリティクス側は、現場で起きている現象とデータ上の数値を結びつける想像力が問われる。数値だけで判断することは、数値の原因となっている課題の本質を見逃すことにつながる。

「テクノロジーチームのメンバーには、事業部の経験はありますが人事の経験がない人もいます。反対に人事の経験が主なメンバーもいます。ですから、現場マネジャーとの接点を設けたり書籍で知識をインプットしたりと、人事の立場として組織をとらえた時の観点を養うようにしています。また、コミュニケーションは大切ですね。データやテクノロジーは道具にすぎませんから、きちんとHRBPやマネジャーなどと対話にもち込めるかというのは重要だと感じます」

今後DeNAでは、ツールの開発と並行して、評価やキャリア開発においてもデータアナリティクスの活用を検討していく予定だという。今後の展開にも注目したい。

（取材・文：田邉泰子）

株式会社ディー・エヌ・エー

1999年設立。「Delight and Impact the World」をミッションに掲げ、オンラインゲームをはじめ、オートモーティブ事業、ヘルスケア事業、スポーツ事業などを幅広く展開。AI技術の開発にも精力的に取り組み、自社の事業分野との融合を図る。

資本金：103億9,700万円（2019年3月末時点）

年　商：1,241億1,600万円（2019年3月期）

連結従業員数：2,437名（2019年3月末時点）

事例 9

独自文化「三行提報」を育成につなげる

サトーホールディングス

"現場力"を発揮できる人財育成のため データを一元化し人財を可視化

インタビュイー　**江上 茂樹** 氏

サトーホールディングス 執行役員 最高人財責任者（CHRO）

森 麻子 氏

サトーホールディングス 人財開発部 人事企画グループ グループ長

編集部注：本記事は2019年9月時点の情報です。

データベースの統一で効率化を目指す

サトーホールディングスでは、タレントマネジメントを「人事データを一元化し、人財を可視化すること」と位置づけ、クラウド型人事データベースを導入している。その経緯について、執行役員最高人財責任者（CHRO）の江上茂樹氏は次のように説明する。

「当社のコアコンピテンシーは『現場力』です。現場力を発揮でき、またそのベースとなる企業理念を体現する人財を育成して、会社の持続的な成長に結びつけていくことが、人事部門の存在意義でもあります。そのためにはまず、社内にどんな人財がいるのかを把握できるデータベースを整備しなければならないと考えました」

ところが、当時の同社の人事データベースには技術面の課題があった。人事管理や評価、給与計算等のデータベースが個別に存在していたため、情報が必要なときは複数のデータベースから集めなければならず、異動など人事情報に変更があったときは各データベースに手作業で反映しなければならない。そうした人事部門内のオペレーションを改善するという目的もあり、データベースの統一に着手した。

見るだけでなく「使う」アクションを組み込む

検討を始めた当初は大手企業で導入されている有名なタレントマネジメントシステムを導入しようと考えたが、2つの理由で断念した。

「1つは、はじめてタレントマネジメントに取り組む当社では、機能が立派すぎて使いこなせないのではないかという懸念があったこと。もう1つは、当時の経営陣を納得させられるようなコスト感ではなかったため、費用対効果に疑問があったことです」（江上氏）

システムの検討を進めていた2016年半ばごろ、「カオナビ」というサービスに出会う。機能の拡張等の自由度が高いことや、コストが手ごろだったことなどから導入を決めた（事例9-1）。

まずは点在していた既存データの集約から着手した。データベースの一元化には約半年間を費やし、社員への説明会等を行ったうえで、2018年4月にリリースした。

基本情報は人事データを流用するが、入社時には社員本人にプロフィールや経歴をアップデートしてもらい、取得した資格や研修の受講履歴なども各自で入力する。マネジャーは自部門のメンバーのデータを、役員は全社員のデータを閲覧することが可能だ。加えて評価もこのシス

事例 9-1 「カオナビ」の画面

カオナビは、社員のスキルや評価履歴等の人事情報を一元管理する人財管理システム。社員の顔写真を用いて即時に把握できる点が特徴。

テムに一元化した。

「社員、特にマネジメント層に活用してもらうためには、データベースを用意するだけではなく、職場で使うアクションを加える必要があると考えました。その施策の１つとして、評価システムも統合し、『目標設定→中間レビュー→評価』という流れをすべてカオナビ上で行えるようにしました」（江上氏）

その他にも、社員がこれまでの経歴や異動の希望などを入力して人事に提出する「自己申告」や、「多面観察」と呼ばれる360度観察など、同社の人事施策を次々一元化した。

クラウド化で評価者の働きやすさを改善

取り組みの効果も表れている。

「一部の役員は社員の異動・配置を検討する際、カオナビにある過去の評価や異動履歴などのデータを参考にしているようです。『同じ部門に長期間在籍している人がいたらアラートが鳴る機能がほしい』といったリクエストをもらうこともありますね」（人財開発部人事企画グループグループ長の森麻子氏）

また、2019年度からは役員が参加する昇進会議でも活用され始めている。各部門から推薦された昇進候補者を絞り込む際、画面にこのシステムを表示して、過去の評価や経歴などを見ながら議論をするという。

「タレントマネジメントシステム導入に関して、特にポジティブなフィードバックをくれたのは、評価者である部門長でした。以前の評価システムは社内からしかアクセスできなかったので、外出が多い営業社員などは評価を入力するためだけに帰社しなければならなかったのですが、現在のシステムはクラウドなので社外の端末からでもアクセスでき、重宝されています。ネガティブなフィードバックは、今のところ社員からも出ていませんね」（江上氏）

だが、リリースから１年半が経過した現在、課題を感じていることもある。

「社内でも『カオナビ』という名称が浸透してきましたし、当初想定していたとおりの使い方はできていますが、機能を拡張していくにつれてシステムの限界を感じる場面もあります。具体的には、システムの通信容量と社員規模のミスマッチや、評価に関する機能不足などが挙げられますね。また、現在は国内に限って使用していますが、今後グローバルに展開することを考えると、国内基準の制度やシステムをそのまま展開してよいのかという懸念もあります。課題はたくさんありますが、まずは地に足をつけて順番に着手していこうと考えています」(森氏)

»将来に向けた「三行提報」の分析研究

タレントマネジメントにおいて今後取り組みたいこととして、江上氏は次のように話す。

「現場力を体現する人財をつくるということは、突き詰めると『適財適所』であるといえます。そのためには社員一人ひとりの人となりや強み・弱みに関するデータをさらに増やしていく必要があると感じています」

年齢や経歴、等級などの定量的な情報だけでなく、上司から見た人となりや面談内容の記録など、これまで可視化されていなかった情報を取り込むためのソフト面の拡充を検討しているという。

また、同社独自の制度である「三行提報」を人財育成に活用しようという動きもある。三行提報とは、「会社をより良くするための提案」を127文字で書き、1日1回提出するもの(事例9-2)。約40年前に創業者が始めたこの仕組みは同社における重要な文化として社内に浸透しており、現在の提出率は99.9%にのぼる。

「社長以外は役員も含めて全員が書くので、1年間で一人あたり約200件、国内全体で年間合計約40万件という膨大なデータが蓄積されています。将来的にはこのデータを人財育成につなげられないかと考えており、そのための研究を始めました。もともと育成に使うことを想定した制度ではないので、実用化する際には議論が必要ですが、今後の可能性のひとつとして先行研究をしています」(江上氏)

研究ではまず、「三行提報を分析すれば社員の強みを可視化できるの

事例 9-2 「三行提報」の記入画面

TEIHO
Original Ideas Innovations Proposals

提報とは・・・
「会社を良くする創意・くふう・気付いた事の提案や考えとその対策の報告」

日付 2019年 10 月 16 日 社員No. 氏名

社長

提報の基本は127文字(日本語)、320文字(英語)です。
現在の入力文字数0

イノベーションの種 営業情報 お客様の声 改善提案 改善報告 その他
Credo提報 サトーのこころ 仕事のやり方基本要綱

登録 一時保存 削除 Exit

カレンダーの日付を押すと記入欄が表示される。秘書室で1日あたり約40通を厳選して社長が確認し、各部署にフィードバックが届く。データベース上で検索も可能。

ではないか」と仮定し、ハイパフォーマーの三行提報の内容を分析。その結果、彼らには視野の広さや視座の高さなどがあることが顕著だった。それを踏まえて、現在は「ハイパフォーマー」を定義するうえでベースとなる、企業文化の分析に取り掛かっている。

将来的には三行提報から抽出した各人の強みをタレントマネジメントに組み込み、他の様々なデータとあわせて人財育成に活かすことを目指している。

「基盤となるデータベースの一元化や評価システムの導入だけでも大変でしたが、そこまでは人事部門として取り組んで当然の範囲であり、次は『その先どう活用していくのか』が問われます。データを活用して人財を育成し、いかに会社の成長につなげていくかというところも、今後の課題ですね」

身の丈に合ったテクノロジーを取り入れ、段階を踏んで徐々に拡張しながら、将来の人財育成に向けた挑戦も欠かさない。当初掲げた目的を忘れることなく、着実に歩みを進めている事例である。

（取材・文：瀧川美里）

サトーホールディングス株式会社

1940年創業。バーコード・2次元コードやICタグ、音声・画像認識等による自動認識技術を活用した自動認識ソリューション事業を展開。ラベルやラベルプリンター、ソフトウェア等の開発・製造、販売、保守サービスを行う各社を傘下に有する。

資本金：84億円（2019年3月31日現在）

連結売上高：1,162億円（2019年3月期）

連結従業員数：5,307名（2019年3月31日現在）

資料編

人事データ利活用原則

令和2年3月19日

【前文】

当協会は、「ピープル・アナリティクス」や「HRテクノロジー」の利活用が促進されるためには、「ピープル・アナリティクス」や「HRテクノロジー」、とりわけその際の人事データの利活用において、十分にプライバシー、人間としての尊厳、その他の権利利益が尊重されることが前提となり、それによってはじめて社会にこれらの新しい技術が受容されるものと考える。そこで、社会に受け入れられる「ピープル・アナリティクス」や「HRテクノロジー」の姿をチェックリストとして示すための、人事データ利活用原則を制定することとする。

人事データ利活用原則は、個人情報の保護に関する法律（以下「個人情報保護法」又は「法」という。）における「個人情報」（法2条1項）のうち、従業員等に関連するデータ（以下「人事データ」という。）を対象として想定している。当協会は、個人情報を含む人事データを利用したプロファイリングに関して、以下の9原則を提言する。これらの諸原則は事業者がピープル・アナリティクスを行う、あるいはHRテクノロジーを導入する際に社会的・倫理的責任を果たす上で参照すべきチェックリストとして機能することが期待されるものである。

人事データ利活用原則は公表時点において想定される人事データの利用を踏まえたものに過ぎず、実務においての実現可能性やデータ利活用技術の加速度的な進化に合わせて、当協会は本ガイドラインを必要に応じて見直し及び変更をしていく予定である。また、事業者も、将来の状況の変化に伴い、人事データ利活用原則の趣旨に照らして、不断にプラクティスを見直すと共に、必要に応じて変更しなければならない。

【本文】

1　データ利活用による効用最大化の原則

- 事業者は、ピープル・アナリティクス又はHRテクノロジーの導入の目的・動機・利益を明確にし、データを活用する側や評価する側だけでなく、被評価者である入社希望者や従業員等に対して提供される利益・価値を明確にすることが望ましく、情報利活用によって、労使双方にとっての効用の最大化を図るように努めなければならない。

2　目的明確化の原則

- ピープル・アナリティクス又はHRテクノロジーにおける人事データの利用目的を明確化し、利用目的の範囲内で使用しなければならず、当該利用目的は明示されなければならない。利用目的は、個別具体的に詳細な利用目的を列挙する必要まではないが、人事データがどのような事業の用に供され、どのような目的で利用されるかが従業員等にとって一般的かつ合理的に想定できる程度に具体的に特定されなければならない。ここで、プロファイリングその他の分析は、「人事労務管理」等の究極の目的を達成する手段に過ぎず、利用目的そのものではないから法の定める利用目的明示義務の対象とならないという考え方もあるが、高度なプロファイリングによって、従業員等が想定しない方法でその人事データが利用される場合等には、①そもそもプロファイリングを実施しているか、②実施している場合に、いかなる種別・内容のプロファイリングを実施しているかの明示をすることが望ましい。
- 企業におけるピープル・アナリティクス又はHRテクノロジーの導入は利用目的の変更に該当しうるため、従前の利用目的の範囲内か（法15条1項）、変更前の利用目的と関連性を有すると合理的に認められる利用目的の変更（法15条2項）が可能かを検討しなければならない。また、併せて就業規則、個人情報保護規程等の改訂の要否を検討しなければならない。

3　利用制限の原則

- 利用目的の範囲を超えた利用を行う場合、予めの本人の同意（法16条1項）を取得しなければならない。
- プロファイリング結果の第三者提供の際の同意取得手続、警察等の国家機関からプロファイリング結果を求められた場合の対応方法など具体的な事例を想定して、対応方法を予め定めておかなければならない。

4　適正取得原則

- 偽りその他不正の手段により個人情報を取得してはならず（法17条1項）、また、法定された場合を除き本人の人種、信条、社会的身分等の「要配慮個人情報」（法2条3項）を本人の同意なくして取得してはならない（法17条2項）。
- プロファイリングにより、非要配慮個人情報から要配慮個人情報に該当する情報を推知することは、少なくともピープル・アナリティクス又はHRテクノロジーの分野においては、要配慮個人情報保護の取得に準じた措置を講じるべきである。
- 求職者等の個人情報については、職業紹介事業者等（労働者の募集を行う者も含む。）は、原則として、①人種、民族、社会的身分、門地、本籍、出生地その他社会的差別の原因となるおそれのある事項、②思想及び信条、③労働組合への加入状況を収集してはならないところ、プロファイリングにより、これらの情報を推知することも「収集」と同視すべきである。
- 事業者が本人以外の第三者から人事データの提供を受ける場合、適法かつ公正な手段によらなければならない。この場合、適法性・公正性を担保する措置として、具体的には主として本人の同意の下における収集が主として想定されるが、その他の適法性・公正性の担保措置（本人同意を得ることが不可能又は不適当である理由の特定、従業員等に対する利用目的の特定・明示、実施責任者及び権限の設定・明示、社内規程案の策定・周知、実施状況の監査・確認、安全管理措置の確立、データ提供元の法の遵守状況の確認等）を検討することも考えられる。

5　正確性、最新性、公平性原則

- 事業者が人事データに対しプロファイリング等の処理を実施する場合、元データ及び処理結果双方の正確性及び最新性が確保されるように努めなければならない。例えば、元データにバイアスがかかっていて、当該バイアスが承継される結果、処理結果の不正確性等を回避する必要がある。
- このようなデータセットの偏向が、バイアス承継のみならず、公平性にも影響することから、事業者は、プロファイリングに用いるデータセットについて、特定のデータセットの偏向による過少代表又は過大代表が発生していないかをチェックし、可能な限りデータセットの公平性を保たなければならない。

6　セキュリティ確保の原則

- 事業者がプロファイリングを実施する際は、プロファイリング結果の漏洩、滅失、毀損することによって本人の被る権利利益の侵害の程度を考慮し、リスクに応じた安全管理措置を実施しなければならない。また、安全管理措置の一環として、匿名化・仮名化処理を実施することにより、本人に対するプライバシー・インパクトを低減させるための方策を採ることができるかを検討するように努めなければならない。
- 特に健康情報（心身の状態に関する情報）等については、推知情報も含め、取扱い範囲制限、情報の削除・加工等の措置を検討すべきである。

7　アカウンタビリティの原則

- 事業者はプロファイリングを実施する際、プロファイリングの実施方針を公表し、組合、多数代表者等、労働者を代表する個人又は団体とプロファイリングについて協議することが望ましい。また、保有個人データの開示、訂正等、利用停止等、苦情処理の手続を整備しなければならない。
- 上記２のとおり、高度なプロファイリングによって、従業員等が想定しない方法でその人事データが利用される場合等には、プロファイリングの対象者に対し、①そもそもプロファイリングを実施しているか、②実施している場合に、いかなる種別・内容のプロファイリングを実施しているかの明示をすることが望ましいところ、例えば、事業者が採用時や従業員の評価にプロファイリングを用いる場合、予めその説明の内容と程度について検討すべきである。事業者は、プロファイリングを用いて試用期間開始後の本採用拒否や懲戒解雇を行う場合には、本採用拒否又は解雇の客観的に合理的理由を示さなければならない。

8　責任所在明確化の原則

- 人事データを取り扱う際、グローバルに多極的に変化する情勢を的確に把握し、適法かつ適正な個人の権利利益保護と利活用のバランスを実現する見地から、ピープル・アナリティクスを専門に行う部署設立及び全社的な人事データ保護の観点に責任を持つデータプロテクションオフィサー等の役職者の選任により責任の所在を明確にするなどの組織体制を確立する。具体的には、①データ活用に関する責任の明確化、②専門部門による審査の厳格化、③データ利活用に関する判断基準やルールの整備を行い、部門間の垣根を越えた利活用に関する審査、検討、設計及び運用を行わなければならない。

9　人間関与原則

- 採用決定、人事評価、懲戒処分、解雇等にプロファイリングを伴うピープル・アナリティクス又はHRテクノロジーを利用する際には、人間の関与の要否を検討しなければならない。具体的には、ピープル・アナリティクス又はHRテクノロジーを導入・利用する際の利用目的・利用態様について事前に人間による大綱的な方針決定を行うと共に、事後的な完全自動意思決定に対する不服申立てがあった場合に人間による再審査を行う方法などが想定され、最終的な責任の所在としての人間の存在を明確にし、アルゴリズムのブラックボックス性による無責任なデータ活用観が回避されるよう運用されなければならない。

以上

人事データ利活用原則に関する考え方について

令和2年3月19日

1　人事データ利活用原則制定の目的

当協会は、設立以来、人事データを収集・解析して組織の可能性を最大化し人を活かす技術としての「ピープル・アナリティクス」やそれを支援する採用、人材開発、労務管理、人事評価等の分野における「HR（Human Resources）テクノロジー」の普及を通じて、人事データを死蔵することなく個人と組織の未来のために活かし経営を変革していくための活動を推進してきた。

現在模索されている人事データの活用領域として、①採用(選抜)、パフォーマンス予測、離職分析など、個人に紐付された予測（プロファイリング[1]）を行うこと、②職場改善、人材育成、健康経営などデータを活用した改善領域の特定、③人事制度・施策の効果測定などがあり、その活用の可能性が広く論じられ、影響力は益々拡大している。このような人事データの利活用の動きは、人の可能性をより引き出し、機会を与え、働き方や働く環境を改善し、合わせて経営のあり方や組織の効率化を図る等、これからの時代に組織及び労働者の双方の可能性を拡げ、価値を高めるために有益で、欠くことのできないものである。

他方で、特に個人情報に関わる人事データを活用したプロファイリングに関しては、その影響の大きさ故、従業員の権利利益の観点からデータ活用における高い倫理性が要請される。例えば、人事データを用いたプロファイリングにより要配慮個人情報ではない個人情報から要配慮個人情報を推知してプライバシー侵害を引き起こすリスクや、プロファイリングにより社会構造としての差別が再生産され、AIの予測評価システムを利用しているあらゆる組織から特定の個人が排除され続け平等原則に抵触するリスクなど、その利用目的や利用方法次第で利活用者側に偏った便益が発生し、一方的な個人の不利益へつながる可能性も指摘されてきた。

---

[1] プロファイリングには様々な定義がありうるが、「パーソナルデータとアルゴリズムを用いて、特定個人の趣味嗜好、能力、信用力、知性、振舞いなどを分析又は予測すること」と定義するものとしてパーソナルデータ＋α研究会「プロファイリングに関する提言案」NBL1137号66頁（2019年）。

資料編

当協会は、こうしたプロファイリングの効用とリスクを踏まえ、また当協会のデータ利活用原則の検討に先立って発表されたパーソナルデータ＋α研究会（公益社団法人商事法務研究会設置）の平成30年12月19日付け「プロファイリングに関する提言案」[2]を踏まえ、当協会が目指す「ピープル・アナリティクス」や「HRテクノロジー」の利活用が促進されるためには、「ピープル・アナリティクス」や「HRテクノロジー」、とりわけその際の人事データの利活用において、十分にプライバシー、人間としての尊厳、その他の権利利益が尊重されることが前提となり、それによってはじめて社会にこれらの新しい技術が受容されるものと考えるに至った。そこで、人や企業の可能性を高めるための人事データ利活用が真に社会に受け入れられるために「ピープル・アナリティクス」や「HRテクノロジー」のあるべき姿をチェックリストとして示し、利活用者の高い倫理観を醸成することで、不要な懸念で利活用が妨げられることないよう、「人事データ利活用原則」を策定することとした。

2　対象となる人事データ

⑴「労働者の個人情報保護に関する研究会報告書」

労働者に関する個人情報保護を研究した「労働者の個人情報保護に関する研究会報告書」（1998年6月。座長：諏訪康雄）は、以下の9種類の情報を想定していた。

①　基本情報（住所、電話番号、年齢、性別、出身地、人種、国籍など）

②　賃金関係情報（年間給与額、月間給与額、賞与、賃金形態、諸手当など）

③　資産・債務情報（家計、債権、債務、不動産評価額、賃金外収入など）

④　家族・親族情報（家族構成、同・別居、扶養関係、家族の職業・学歴、家族の収入、家族の健康状態、結婚の有無、親族の状況など）

⑤　思想・信条情報（支持政党、政治的見解、宗教、各種イデオロギー、思想的傾向など）

⑥　身体・健康情報（健康状態、病歴、心身の障害、運動能力、身体測定記録、医療記録、メンタルヘルスなど）

---

[2] パーソナルデータ＋α研究会・前掲注1）64頁。

⑦　人事情報（人事考課、学歴、資格・免許、処分歴など）
⑧　私生活情報（趣味・嗜好・特技、交際・交友関係、就業外活動、住宅事情など）
⑨　労働組合関係情報（所属労働組合、労働組合活動歴など）

(2)「雇用管理分野における個人情報保護に関するガイドライン」

平成27年改正前の個人情保護法下における「雇用管理分野における個人情報保護に関するガイドライン」（平成27年厚生労働省告示第454号。平成29年5月30日廃止。以下「旧ガイドライン」という。）第2の2において、「雇用管理情報」とは、「事業者が労働者等の雇用管理のために収集、保管、利用等する個人情報をいい、その限りにおいて、病歴、収入、家族関係等の機微に触れる情報（以下「機微に触れる情報」という。）を含む労働者個人に関するすべての情報が該当する」としていた。

そして、「雇用管理分野における個人情報保護に関するガイドライン：事例集」（平成25年5月、厚生労働省）では、これに該当する例として、以下の8つを列挙していた。

①　労働者等の氏名
②　生年月日、連絡先（住所、居所、電話番号、メールアドレス等）、会社における職位又は所属に関する情報について、それらと労働者等の氏名を組み合わせた情報
③　ビデオ等に記録された映像・音声情報のうち特定の労働者等が識別できるもの
④　特定の労働者等を識別できるメールアドレス情報（氏名及び所属する組織が併せて識別できるメールアドレス等）
⑤　特定の労働者等を識別できる情報が記述されていなくても、周知の情報を補って認識することにより特定の労働者等を識別できる情報
⑥　人事考課情報等の雇用管理に関する情報のうち、特定の労働者等を識別できる情報
⑦　職員録等で公にされている情報（労働者等の氏名等）
⑧　労働者等の家族関係に関する情報及びその家族についての個人情報

(3)　雇用管理分野における個人情報のうち健康情報を取り扱うに当たって

資料編

の留意事項

「雇用管理分野における個人情報のうち健康情報を取り扱うに当たっての留意事項」[3]は健康情報として18種類の情報を例示している。

(4) 人事データ利活用原則の対象情報

人事データ利活用原則は、個人情報の保護に関する法律（以下「個人情報保護法」又は「法」という。）における「個人情報」（法2条1項[4]）のうち、従業員等に関連するデータ（以下「人事データ」という。）を対象として想定している。

上記(1)〜(3)で挙げた情報はいずれも網羅的ではなく、理解を助けるための参考になるが、ピープル・アナリティクス又はHRテクノロジー領域では、従業員等の行動データ（移動履歴、会話履歴、PCログ等）、生体情報（指紋認証用の指紋情報等）等の利活用も問題となっており、「個人情報」に関する限り、人事・労務部門が管理していないデータも含め、広く人事データ利活用原則の対象となる。

なお、人事データの特性上、事業者と従業員との間における交渉力等の差が存在することから、事業者が従業員から同意を取得する場合、交渉力等の差に十分注意して有効な同意を取得する等の配慮が要請される場合がある。

3 人事データに関する個人情報保護法令

人事データに関する個人情報の管理においては、個人情報保護法及びこれに関する個人情報保護委員会の発出している各種ガイドライン、Q＆Aを参照することになる。

また、雇用管理分野における労働安全衛生法等との関係で「雇用管理分野における個人情報のうち健康情報を取り扱うに当たっての留意事項」及び「労働者の心身の状態に関する情報の適正な取扱いのために事業者

---

[3] https://www.mhlw.go.jp/file/06-Seisakujouhou-12600000-Seisakutoukatsukan/0000167762.pdf

[4]「個人情報」とは、生存する個人に関する情報であって、氏名、生年月日等により特定の個人を識別することができるものである。他の情報と容易に照合することにより特定の個人を識別することができるものも含む。「個人識別符号」（法２条１項２号）も個人情報に該当する。

が講ずべき措置に関する指針」(平成 30 年9月7日、労働者の心身の状態に関する情報の適正な取扱い指針公示第1号)についても参照する必要がある。

そのほか、人事データに関する特有の法令として、求職者等の個人情報の取扱いについて職業安定法及び「職業紹介事業者、労働者の募集を行う者、募集受託者、労働者供給事業者等が均等待遇、労働条件等の明示、求職者等の個人情報の取扱い、職業紹介事業者の責務、募集内容の的確な表示等に関して適切に対処するための指針」(平成11年労働省告示第141号。以下「職安法指針」という。)などがある。

人事データ利活用原則は、これらの人事データに関する個人情報保護法令、ガイドライン等を参考にしながら、企業の自主的な取組みを支援するために制定するものである。

4　人事データ利活用原則

1980年、OECD(経済協力開発機構)は、個人情報保護を目的としたガイドラインとして「OECD 8原則」(①目的明確化の原則、②利用制限の原則、③収集制限の原則、④データ内容の原則、⑤安全保護の原則、⑥公開の原則、⑦個人参加の原則、⑧責任の原則)を定め、我が国の個人情報保護法もOECD8原則に即して個人情報取扱事業者の義務を定めた。

もっとも、1980年のOECD8原則はプロファイリング技術を想定しておらず、我が国の人事データに関連する個人情報保護法制もプロファイリングに関する明示的な規制を想定していない。ここで前述のパーソナルデータ+α研究会は、プロファイリングに関する提言案附属の中間報告書Ⅲ[5]において、企業が不用意なプロファイリングにより社会的・倫理的問題を提起しないように、企業が法的・社会的責任を果たすための留意点として自主的取組みに関するチェックリストを示しており、人事データ分野の原則策定に当たっては同チェックリストで示された問題意識を考慮して原則を制定することが適切である。

以上を踏まえて、当協会は、個人情報を含む人事データを利用したプ

[5] パーソナルデータ+α研究会「プロファイリングに関する提言案附属中間報告書」NBL1137号70頁以下(2019年)記載の「Ⅲ　社会的責任等に関する留意点」(以下単に「チェックリスト」という。)。

資料編

ロファイリングに関して、以下の9原則を提言する。これらの諸原則は事業者がピープル・アナリティクスを行う、あるいはHRテクノロジーを導入する際に社会的・倫理的責任を果たす上で参照すべきチェックリストとして機能することが期待されるものである[6]。

⑴　データ利活用による効用最大化の原則

事業者は、ピープル・アナリティクス又はHRテクノロジーの導入の目的・動機・利益を明確にし、データを活用する側や評価する側だけでなく、被評価者である入社希望者や従業員等に対して提供される利益・価値を明確にすることが望ましく[7]、情報利活用によって、労使双方にとっての効用の最大化を図るように努めなければならない。

⑵　目的明確化の原則

ピープル・アナリティクス又はHRテクノロジーにおける人事データの利用目的を明確化し、利用目的の範囲内で使用しなければならず、当該利用目的は明示されなければならない。利用目的は、個別具体的に詳細な利用目的を列挙する必要まではないが、人事データがどのような事業の用に供され、どのような目的で利用されるかが従業員等にとって一般的かつ合理的に想定できる程度に具体的に特定されなければならない[8]。ここで、プロファイリングその他の分析は、「人事労務管理」等の究極の目的を達成する手段に過ぎず、利用目的そのものでは

---

[6] 例えば、従業員の電子メールのモニタリングに関して、東京地判平成13年12月3日労働判例826号76頁は「監視の目的、手段及びその態様等を総合考慮し、監視される側に生じた不利益とを比較衡量の上、社会通念上相当な範囲を逸脱した監視がなされた場合に限り、プライバシー権の侵害となると解する」としており、また平成27年改正前の個人情報保護法下における「個人情報の保護に関する法律についての経済産業分野を対象とするガイドライン」(平成28年12月28日厚生労働省・経済産業省告示第2号。平成29年5月30日廃止)は「従業者のモニタリングを実施する上での留意点」として、①目的の特定・明示、②実施責任者及び権限の設定、③社内規程案の策定及び事前の社内徹底、④実施状況の監査・確認を定めていた。これらは従業員モニタリング実施の際の準則として機能していたものであり、人事データガイドラインもプロファイリング実施の際の準則として機能することを期待するものである。

[7] チェックリスト（1-1）参照。

[8] 旧ガイドライン第4・1⑴では、利用目的の特定に当たって、労働組合等への通知、必要に応じた協議が望ましいとされていた。

ないから法の定める利用目的明示義務の対象とならないという考え方もあるが、高度なプロファイリングによって、従業員等が想定しない方法でその人事データが利用される場合等には、①そもそもプロファイリングを実施しているか、②実施している場合に、いかなる種別・内容のプロファイリングを実施しているかの明示をすることが望ましい[9]。

また、企業におけるピープル・アナリティクス又はHRテクノロジーの導入は利用目的の変更に該当しうるため、従前の利用目的の範囲内か（法15条1項）、変更前の利用目的と関連性を有すると合理的に認められる利用目的の変更（法15条2項）が可能かを検討しなければならない。また、併せて就業規則、個人情報保護規程等の改訂の要否を検討しなければならない。

(3) 利用制限の原則

利用目的の範囲を超えた利用を行う場合、予めの本人の同意（法16条1項）を取得しなければならない。

また、プロファイリング結果の第三者提供の際の同意取得手続、警察等の国家機関からプロファイリング結果を求められた場合の対応方法など具体的な事例を想定して、対応方法を予め定めておかなければならない[10]。

(4) 適正取得原則[11]

偽りその他不正の手段により個人情報を取得してはならず（法17条1項）、また、法定された場合を除き本人の人種、信条、社会的身分等の「要配慮個人情報」（法2条3項）を本人の同意なくして取得してはならない（法17条2項）。

プロファイリングにより、非要配慮個人情報から要配慮個人情報に該当する情報を推知することは、少なくともピープル・アナリティクス又はHRテクノロジーの分野においては、要配慮個人情報保護の取得

---

[9] チェックリスト（1-2）参照。
[10] チェックリスト（4-8）参照。
[11] 本項目につきチェックリスト（2-1）参照。

資料編

に準じた措置を講じるべきである。

求職者等の個人情報については、職業紹介事業者等（労働者の募集を行う者も含む。）は、原則として、①人種、民族、社会的身分、門地、本籍、出生地その他社会的差別の原因となるおそれのある事項、②思想及び信条、③労働組合への加入状況を収集してはならないところ、プロファイリングにより、これらの情報を推知することも「収集」と同視すべきである。

事業者が本人以外の第三者から人事データの提供を受ける場合、適法かつ公正な手段によらなければならない[12]。この場合、適法性・公正性を担保する措置として、具体的には主として本人の同意の下における収集が主として想定されるが、その他の適法性・公正性の担保措置（本人同意を得ることが不可能又は不適当である理由の特定、従業員等に対する利用目的の特定・明示、実施責任者及び権限の設定・明示、社内規程案の策定・周知、実施状況の監査・確認、安全管理措置の確立、データ提供元の法の遵守状況の確認等）を検討することも考えられる。

(5) 正確性、最新性、公平性原則

事業者が人事データに対しプロファイリング等の処理を実施する場合、元データ及び処理結果双方の正確性及び最新性が確保されるように努めなければならない[13]。例えば、元データにバイアスがかかっていて、当該バイアスが承継される結果、処理結果の不正確性等を回避する必要がある[14]。

また、このようなデータセットの偏向が、バイアス承継のみならず、公平性にも影響することから、事業者は、プロファイリングに用いるデータセットについて、特定のデータセットの偏向による過少代表又は過大代表が発生していないかをチェックし、可能な限りデータセットの公平性を保たなければならない[15]。

---

[12] 職安法指針第4･1(2)。特に､求職者のSNS上の個人情報を取得するアプリカント･トラッキング・システムの利用などで問題となる。

[13] 法19条参照、チェックリスト（4-4）参照。

[14] 一例としてチェックリスト（2-3）ケースE参照

(6) セキュリティ確保の原則

事業者がプロファイリングを実施する際は、プロファイリング結果の漏洩、滅失、毀損することによって本人の被る権利利益の侵害の程度を考慮し、リスクに応じた安全管理措置を実施しなければならない[16]。また、安全管理措置の一環として、匿名化・仮名化処理[17]を実施することにより、本人に対するプライバシー・インパクトを低減させるための方策を採ることができるかを検討するように努めなければならない。

特に健康情報（心身の状態に関する情報）等については、推知情報も含め、取扱い範囲制限、情報の削除・加工等の措置を検討すべきである[18]。

(7) アカウンタビリティの原則

事業者はプロファイリングを実施する際、プロファイリングの実施方針を公表し、組合、多数代表者等、労働者を代表する個人又は団体とプロファイリングについて協議することが望ましい。また、保有個人データの開示、訂正等、利用停止等、苦情処理の手続を整備しなければならない[19]。

上記(2)のとおり、高度なプロファイリングによって、従業員等が想定しない方法でその人事データが利用される場合等には、プロファイリングの対象者に対し、①そもそもプロファイリングを実施しているか、②実施している場合に、いかなる種別・内容のプロファイリングを実施しているかの明示をすることが望ましいところ、例えば、事業

---

[15] チェックリスト（2-3）参照。
[16] チェックリスト（4-3）参照。
[17] 匿名加工情報（法2条9項）や「匿名化された個人を再識別することを何人にとっても不可能とした場合」（「個人情報の保護に関する法律に係るEU域内から十分性認定により移転を受けた個人データの取扱いに関する補完的ルール」5項）の話をしているのではなく、あくまでも当該人事データが「個人データ」であることを前提に、安全管理措置の一環として当該分析の目的に氏名等が不必要である場合に、氏名等を削除した上で分析してはどうか、という趣旨である。
[18] 「雇用管理分野における個人情報のうち健康情報を取り扱うに当たっての留意事項」3・3（1）、「労働者の心身の状態に関する情報の適正な取扱いのために事業者が講ずべき措置に関する指針」2（9）②参照。
[19] 法28条以下、チェックリスト（4-5）参照。

者が採用時や従業員の評価にプロファイリングを用いる場合、予めその説明の内容と程度について検討すべきである[20]。事業者は、プロファイリングを用いて試用期間開始後の本採用拒否や懲戒解雇を行う場合には、本採用拒否又は解雇の客観的に合理的理由を示さなければならない[21]。

(8) 責任所在明確化の原則

人事データを取り扱う際、グローバルに多極的に変化する情勢を的確に把握し、適法かつ適正な個人の権利利益保護と利活用のバランスを実現する見地から、ピープル・アナリティクスを専門に行う部署設立及び全社的な人事データ保護の観点に責任を持つデータプロテクションオフィサー等の役職者の選任により責任の所在を明確にするなどの組織体制を確立する。具体的には、①データ活用に関する責任の

---

[20] 東京高判昭和50年11月22日判例時報815号87頁は「労使関係が具体的に発生する前の段階においては、人員の採否を決しようとする企業等の側に、極めて広い裁量判断の自由が認められるべきものであるから、企業等が人員の採否を決するについては、それが企業等の経営上必要とされる限り、原則として、広くあらゆる要素を裁量判断の基礎とすることが許され、かつ、これらの諸要素のうちいずれを重視するかについても、原則として各企業等の自由に任されているものと解さざるをえず、しかも、この自由のうちには、採否決定の理由を明示、公開しないことの自由をも含むものと認めねばならない」と指摘している。このように、(プロファイリングを前提としない) 一般の採用に関する裁判例によれば、事業者が裁量判断の基礎となった採否決定理由の明示、公開をすることは採用段階では自由とされている。しかし、プロファイリングの特殊性を加味して企業としてのアカウンタビリティの果たし方を検討しておくべきであろう。チェックリスト (4-2) は、事後に被評価者が理解し得る「理由」を示すことを当面のベンチマークとすべきことを指摘している。なお、平成27年改正前の個人情報保護法の下の「雇用管理分野における個人情報保護に関するガイドライン：事例集」13頁は、保有個人データの開示請求に関して「人事評価、選考に関する個々人の情報」は非開示とできる事項としつつも「評価の基準を作成している場合、基準自体は個人情報には該当しないが、その基準自体を公開することは望ましい」とする。また。厚生労働省のパンフレット『雇用管理に関する個人情報の取り扱いについて』(平成24年5月) は、非開示事項とする際に労働組合との協議をすることが望まれることを指摘する。なお、このアカウンタビリティの検討は必ずしもすべての仕組みの公開を意味しない。例えば、特定の要素を採用の際に重視することを公表すれば、多くの求職者がそれを履歴書で強調する等の「ゲーミング」の問題も生じうるため、このような弊害も考慮しつつ企業としてのアカウンタビリティの果たし方を検討すべきである。

[21] 労働契約法15条、16条参照。三菱樹脂事件 (最大判昭和48年12月12日民集27巻11号1536頁) 参照。

明確化、②専門部門による審査の厳格化、③データ利活用に関する判断基準やルールの整備を行い、部門間の垣根を越えた利活用に関する審査、検討、設計及び運用を行わなければならない。

(9) 人間関与原則

採用決定、人事評価、懲戒処分、解雇等にプロファイリングを伴うピープル・アナリティクス又はHRテクノロジーを利用する際には、人間の関与の要否を検討しなければならない[22]。具体的には、ピープル・アナリティクス又はHRテクノロジーを導入・利用する際の利用目的・利用態様について事前に人間による大綱的な方針決定を行うと共に、事後的な完全自動意思決定に対する不服申立てがあった場合に人間による再審査を行う方法[23]などが想定され、最終的な責任の所在としての人間の存在を明確にし、アルゴリズムのブラックボックス性による無責任なデータ活用観が回避されるよう運用されなければならない。

5 見直し及び変更

人事データ利活用原則は公表時点において想定される人事データの利用を踏まえたものに過ぎず、実務においての実現可能性やデータ利活用技術の加速度的な進化に合わせて、当協会は人事データ利活用原則を必要に応じて見直し及び変更をしていく予定である。また、事業者も、将来の状況の変化に伴い、人事データ利活用原則の趣旨に照らして、不断にプラクティスを見直すと共に、必要に応じて変更しなければならない。

以上

[22] なお、EUデータ保護規則（General Data Protection Regulation：GDPR）22条は、「データ主体は、当該データ主体に関する法的効果を発生させる、又は、当該データ主体に対して同様の重大な影響を及ぼすプロファイリングを含むもっぱら自動化された取扱いに基づいた決定の対象とされない権利を有する。」と定めている。GDPRの日本語仮訳として、個人情報保護委員会ウェブサイト（https://www.ppc.go.jp/files/pdf/gdpr-provisions-ja.pdf）参照。

[23] チェックリスト（4-1）参照。

資料編

おわりに

今、人事領域では職場の生産性や従業員の満足度を高めるために、従業員の行動データを収集・解析する「ピープル・アナリティクス」(People-Analytics)や人事データのさらなる活用が注目を集めています。

ピープルアナリティクス実践のためのウェアラブル、センサー、分析技術、AI活用等「HRテクノロジー」は日々進化を遂げ、人事領域や経営の在り方、人の生き方や働き方に大きな影響を与えようとしています。

本書を執筆した一般社団法人ピープルアナリティクス＆HRテクノロジー協会は、人を活かす技術としてのピープルアナリティクスとそれを支援するHRテクノロジーの普及を加速させるため、両分野を研究領域として経営・人事・分析・技術における「産・学・官」の専門家が実践的な課題を通じて深め、人事データを個人と組織の未来のために活かし、経営を変革していくことを目的としています。

広がる多様なデータの取り扱いと活用について、組織および個人が納得できる取り決めを策定し、どう情報漏洩・活用・労務リスクを管理し、どうデータ資産を活用するか、広く世の中に提示したいと考えています。

本書がその手引きとなることを期待しております。

最後に出版に際して編集の労を取っていただいた日本能率協会マネジメントセンター 出版事業本部 根本浩美様、執筆にご協力をいただいた企業の人事部の皆様、ベンダーの皆様、当協会の上席研究委員並びに理事・アドバイザーの皆様に深く御礼申し上げます。

2020年5月

一般社団法人ピープルアナリティクス＆HRテクノロジー協会
代表理事　長瀬 昭彦

■ 著者略歴

一般社団法人ピープルアナリティクス&HRテクノロジー協会

人材データを分析・可視化して人と経営の未来に活かすピープルアナリティクスと、それを牽引するHR（Human Resource）テクノロジーを普及・推進することを目的とし、その目的に資するためピープルアナリティクス及びHRテクノロジーに関する事業を行う団体。

北崎 茂（きたざき しげる）

一般社団法人ピープルアナリティクス&HRテクノロジー協会 理事

慶應義塾大学理工学部卒業。外資系IT会社にて人事・コンサル事業を担当後、PwCコンサルティング合同会社に入社し、製薬業・製造業・IT業界を中心として人事コンサルティング領域に関して約20年の経験を持ち、専門領域は組織設計、人事戦略策定、人員計画策定、人事制度設計、人事プロセス/システム設計、チェンジマネジメントなど、組織・人事領域において広範な経験を有する。また、ピープルアナリティクスの領域においては、国内の第一人者として日系から外資系にいたるまで様々なプロジェクト導入・セミナー講演・寄稿を含め、国内でも有数の実績を誇る。現在は、人事部門構造改革（HR Transformation）におけるPwCアジア地域の日本責任者に従事している。

また、2018年より一般社団法人ピープルアナリティクス&HRテクノロジー協会理事として、HRテクノロジー、ピープルアナリティクスに関わる講演や執筆活動を通じて、日本国内での普及活動を推進している。

第1章、第2章、第7章担当

加藤 茂博（かとう しげひろ）

一般社団法人ピープルアナリティクス&HRテクノロジー協会 副代表理事

横浜国立大学経営学部卒業/University of Michigan Executive Program in Human Resource Management / Massachusetts Institute of Technology Professional Education People Analytics 修了。株式会社リクルート 事業開発室 ビジネスプロデューサー として組織開発、新規事業開発、ピープルアナリティクスに携わる。経団連と連携しエントリーシートの開発、学校名不問のオープンエントリーシステムなどの採用改革に従事し、人事データにおける統計的差別に関する問題を提起。経産省情報大航海プロジェクトリーダとして出向、レジュメマッチングエンジン、多次元オントロジー、対話型検索エンジンなど特許5件取得。行動科学、心理学の応用分野としてライフイベントに行動経済学、心理学を適応した行動変容を研究から「Action Switch Libraryフレームワーク」を開発。世界メッシュ研究会事務局長として時空間行動研究・ジオマーケティングを研究。全国老人福祉施設協議会理事として介護業界の改革にも従事。

また、2018年より一般社団法人ピープルアナリティクス&HRテクノロジー協会発起人として、人事データの利活用を推進し「人事データ利活用原則」策定や「データ保護士」資格制度の制定に取り組んでいる。

事例編担当

高木 徹也（たかぎ てつや）

一般社団法人ピープルアナリティクス&HRテクノロジー協会 研究員
早稲田大学創造理工学研究科にて修士課程を修了後、PwCコンサルティング合同会社に新卒で入社。幅広い業界のクライアントに対して、人事システム導入構想策定、ITを活用した人事業務変革、シェアードサービスセンターにおける事業活動支援や組織再編、学習管理システムの導入支援、法改正対応など、人事業務・システムに係る幅広い領域のコンサルティングを実施。
近年は、人事データの整備・活用の高度化支援に注力しており、人事データ基盤の構想策定やBIツールを活用した人事データ統合基盤・人事ダッシュボード構築などの支援実績を有するとともに、寄稿やメディア出演なども行っている。
第3章担当

井上 卓也（いのうえ たくや）

一般社団法人ピープルアナリティクス&HRテクノロジー協会 上席研究員
慶應義塾大学総合政策学部卒業。外資系コンサルティング会社、ベンチャー企業などを経て、PwCコンサルティング合同会社に入社。主に組織・人事領域において、組織・人材マネジメント戦略策定、人材開発、人事諸制度改革、人事部門の高度化・効率化支援、ガバナンス体制・役員処遇改革など幅広い領域における変革支援を数多く経験している。
近年は、ピープルアナリティクス領域にも注力しており、採用、配置、育成、代謝やワークスタイルなどの領域において人材データを活用したコンサルティング支援を数多く手掛け、併せて、同領域の寄稿やセミナーなども行っている。
第3章、第6章担当

山田 隆史（やまだ たかふみ）

一般社団法人ピープルアナリティクス&HRテクノロジー協会 副代表理事
慶應義塾大学大学院経営管理研究科修了。大学院で統計学・人事データ分析の研究を行う。修了後、スターツリー株式会社（https://startree.co.jp/）を創業。企業に対して、ピープルアナリティクス・HRテクノロジー活用支援、データ分析のコンサルティングを行っている。2018年、株式会社Bloom（https://www.blm.co.jp/）を共同設立し、タレントプール活用型キャリア採用サービスを展開している。また、早稲田大学 組織経済実証研究所 客員次席研究員として、大湾秀雄研究室にて「人事情報活用研究会」の講師としても活動している。
一般社団法人ピープルアナリティクス&HRテクノロジー協会では、勉強会・セミナー・Digital HR Competition等の各種協会活動の企画・運営に携わっている。
第4章担当

入江 崇介（いりえ しゅうすけ）

一般社団法人ピープルアナリティクス&HRテクノロジー協会 上席研究員
東京大学大学院総合文化研究科広域科学専攻生命環境科学系修了。株式会社リクルートマネジメントソリューションズの前身である、株式会社人事測定研究所に入社。入社後は主に、アセスメント、トレーニング、組織開発の商品開発・研究に携わる。現在は、HR Analytics & Technology Lab所長として、人事データ活用や、そのための測定・解析技術の研究に従事する。著書に『人事のためのデータサイエンス―ゼロからの統計解析入門―』（中央経済社）がある。
第4章担当

三好 淳一（みよし じゅんいち）
株式会社イノヴァストラクチャー 代表取締役、一般社団法人ピープルアナリティクス＆HRテクノロジー協会 上席研究員
TableauHRユーザー会幹事
青山学院大学院国際政治経済専攻卒業。マーケティングリサーチ会社においてデータサイエンティストとしてコンサルティング、新商品開発、新規事業開発などを経て、2014年に株式会社イノヴァストラクチャーを創業。データ・ドリブンな事業課題解決コンサルティングを行っている。近年は「データ済民」を理念に掲げ、大手事業会社様を中心にピープルアナリティクスを用いた組織・人材マネジメント改善、人事部門のデータリテラシー高度化・効率化研修などに力を入れている。TOYOTA TSUSHO NEXTY ELECTRONICS（THAILAND）社との取り組み（エンジニアの定着率を向上させるため、パルスサーベイと定着予測を用いたマネジメントダッシュボード活用）は、デジタルHRコンペティション2019にて紹介された。著書に『Tableauデータ分析～入門から実践まで～第2版』（共著、秀和システム）。
第5章担当

大島 義則（おおしま よしのり）
一般社団法人ピープルアナリティクス＆HRテクノロジー協会 アカデミックアドバイザー
弁護士（第二東京弁護士会。長谷川法律事務所）。慶應義塾大学大学院法務研究科講師（非常勤。公共政策法務フォーラム・プログラム、公法総合Ⅱ担当）、広島大学大学院人間社会科学研究科客員准教授（非常勤、前期の公法実務基礎担当）。元消費者庁総務課課長補佐（情報公開・個人情報保護・公益通報担当。2012年2月～2014年1月）。主な著書として、『消費者行政法』（編者・分担執筆。勁草書房）、第二東京弁護士会情報公開・個人情報保護委員会編『完全対応　新個人情報保護法－Q&Aと書式例－』（編集委員・分担執筆。新日本法規）、第二東京弁護士会情報公開・個人情報保護委員会編『AI・ロボットの法律実務Q&A』（編集長・分担執筆。勁草書房）等。
コラム（ピープルアナリティクスにおける個人情報保護）担当

編集協力
内田 彬浩
一般社団法人ピープルアナリティクス＆HRテクノロジー協会 研究員
スターツリー株式会社 アナリティクス事業部 部長

ピープルアナリティクスの教科書

2020年5月30日　初版第1刷発行
2023年5月15日　　　第3刷発行

著　者——一般社団法人ピープルアナリティクス&HRテクノロジー協会
発行者——張 士洛
発行所——日本能率協会マネジメントセンター
〒103-6009 東京都中央区日本橋2-7-1　東京日本橋タワー
TEL 03(6362)4339(編集)／03(6362)4558(販売)
FAX 03(3272)8127(販売・編集)
https://www.jmam.co.jp/

装　　丁——岩泉卓屋（Izumiya）
本文DTP——株式会社森の印刷屋
印 刷 所——広研印刷株式会社
製 本 所——ナショナル製本協同組合

ISBN 978-4-8207-2802-3 C2034
落丁・乱丁はおとりかえします。
PRINTED IN JAPAN